Educación especial: clara y simple

Una guía rápida

para padres, maestros, defensores, abogados y otros

Educación especial: clara y simple

Una guía rápida

para padres, maestros, defensores,

abogados y otros

PATRICIA L. JOHNSON HOWEY, M.JUR.

Y PARALEGAL REGISTRADA EN INDIANA.

EDITORES BEYOND THE SUNSET

Westpoint, Indiana 47992

Educación especial: clara y simple

Por Patricia L. Johnson Howey, M.Jur.

Publicado utilizando la fuente Dyslexie.

Impreso en los Estados Unidos de América.

Datos de catalogación en publicación de la Biblioteca del Congreso.

Número de Control de la Biblioteca del Congreso: 2024912574

Johnson Howey, Patricia L.

Educación especial: clara y simple 3ª edición.

ISBN: 978-1-7372011-7-5

1. Educación

2. Derecho

Uso de este libro

La información y citas legales de este libro proporcionan una visión general de los temas y pueden o no incluir la información más actualizada sobre la ley y la educación especial. Las citas legales se incluyen para la conveniencia del lector. No se incluyen todas las citas para cada tema.

Mantener este libro breve, simple y fácil de leer significa que no se abordan todos los temas de educación especial. Muchos son omitidos intencionalmente. Algunos asuntos que no se abordan son la intervención temprana para bebés y niños pequeños, la educación preescolar especial, y otros temas valiosos.

La autora sugiere encarecidamente que los lectores consulten con un abogado de educación especial en su estado o con el Departamento de Educación (DOE) de su estado para obtener información actualizada específica de su ubicación, temas no tratados en el libro y asesoramiento legal.

La versión "libro electrónico" incluye enlaces integrados. Al hacer clic en esos enlaces, te llevará directamente a las ubicaciones en el libro o a sitios web en internet.

Para facilitar la fluidez de la lectura, y utilizar un lenguaje más conciso, se emplean de forma *genérica* las palabras "niño", "hijo", "padre", "maestro" y "abogado" (entre otras) sin exclusiones de personas, haciendo referencia sin distinción a niño/a, hijo/a, padre, madre o representante, maestro/a, abogado/a. También es oportuno aclarar que, para facilitar la ubicación de información externa, las siglas se presentan siguiendo las letras de las palabras que las conforman en inglés.

Agradecimientos

Deseamos agradecer a las siguientes personas que revisaron secciones del manuscrito y brindaron sugerencias e ideas valiosas. ¡Este libro no existiría sin su ayuda y sus consejos!

Jacob (Jake) Burton: maestro de Indiana, entrenador, miembro de la Junta Directiva de la Corporación Escolar de Tippecanoe y exadministrador escolar. Gracias por revisar ciertos capítulos y sugerir modificaciones. Tu perspectiva como educador es invaluable.

J. D. Jim Comstock-Galagan: abogado jubilado de derechos civiles y educación especial de Luisiana y miembro de la Facultad del Instituto de Defensa de la Educación Especial de la Universidad de William and Mary. Gracias por tu experiencia y ayuda con el capítulo *Debido proceso y resolución alternativa de disputas.*

Kerry Davis: no puedo agradecerte lo suficiente por tomar tiempo de tu ocupada vida para revisar secciones del manuscrito y ofrecer sugerencias para mejorarlo.

Paula Guzzo: Defensora jubilada de Recursos para Padres InSource, de Indiana, y madre de Scott. Gracias por leer y criticar secciones del manuscrito.

Ph. D. Carl Hale: neuropsicólogo de Indiana. Tu ayuda con las secciones de evaluación y reevaluación hace que estas partes sean mucho más amigables para los padres. Gracias, y Dios te bendiga.

Mgtr. Dianna Harper: maestra de educación especial de Alabama, psicometrista e hija de mi mejor amiga en la escuela primaria y secundaria. Gracias por brindar tu perspectiva como maestra sobre el manuscrito.

Dorene Philpot: abogada de padres de educación especial de Texas y autora de los siguientes libros: *Do-It-Yourself Special Education Due Process: An Educational Guide* [*Hago usted mismo el debido proceso de educación especial: una guía educativa*] y *I Can't Make This Stuff Up – Special Education Funnies, Foibles & Embarrassments* [*No puedo inventar estas cosas. Chistes, debilidades y vergüenzas de la educación especial*]. Tu experiencia pasada como periodista fue invaluable para mejorar este libro.

Lcda. Mandy Rogers: Mississippi Parent, defensora de padres desde hace mucho tiempo, y madre de Nathan y Ben. "No puedo pensar en una madre más merecedora que una madre que tuvo que entregar a uno" (Erma Bombeck).

J. D. Wayne Steedman: abogado de padres de educación especial de Maryland y presentador de Wrightslaw. Wayne leyó y editó secciones del manuscrito y ofreció sugerencias desde una perspectiva legal. ¡Muchas gracias!

Shari Watson: defensora de padres de educación especial de Colorado. Tú nunca dudas en ayudar de alguna manera. Aprecio que inmediatamente hayas aceptado revisar secciones del manuscrito y me ofreciste consejos y sugerencias para hacerlo más fácil de leer. ¡No puedo agradecerte lo suficiente!

Dedicatoria

Dedico este libro a:

Jodie, Roger, Kerry y Tiffany, los maestros más importantes de mi vida.

A la memoria de Kayla Bower, quien me enseñó más sobre ética en una hora de lo que pude haber aprendido en cientos de horas de clases de ética jurídica.

A la memoria de George y Stony Early, los pioneros de la educación especial y quienes fueron los primeros en introducirme al tema de las discapacidades y al mundo inexistente de la educación especial en la década de 1960.

A la memoria de Jordan Hicks, cuya muerte prematura a la edad de 20 años me enseñó cuán poco control tengo sobre la vida.

A la memoria de Walter Johnson, mi abuelo y mi brújula moral, quien me enseñó a ser siempre fiel a mí misma.

Connie Freeman, Bette Rubinstein y Cathy Young, los primeros padres que conocí cuando comencé mi trayectoria en la educación especial. Se convirtieron en mis mentores y seguidores, y aún siguen siendo buenos amigos míos hasta el día de hoy.

Jim Comstock-Galagan, quien me enseñó a usar el contexto y la razón en lugar del argumento y debate para obtener mejores servicios de educación especial para los niños.

Stan Miller, quien me enseñó a amar la ley y representó a nuestra familia durante un caso de tres años en audiencia de debido proceso y en tribunal federal.

Jimi Carter Miller, madre de tres hijos con discapacidades, quien también hizo el sacrificio final de tener que "devolver a uno".

Pete y Pam Wright, quienes me brindaron un campus nacional para la formación en defensa de derechos y me ofrecieron apoyo moral y aliento durante el largo proceso de escribir este libro.

Contenido

"Mi madre me dijo dos cosas constantemente. Una era ser una dama y la otra era ser independiente, y la ley era de lo más inusual en aquellos tiempos porque para la mayoría de las chicas que crecieron en los años 40, el título más importante no era tu licenciatura, sino tu matrimonio" (Ruth Bader Ginsbur).

Introducción

¡Felicidades! Elegir leer este libro significa que has dado un paso clave hacia aprender o refrescar tu memoria sobre la educación especial.

Las once lecciones se enfocan en las cosas más importantes que necesitas saber. Se incluyen resúmenes de leyes y tus derechos como padre de un niño con discapacidad.

Advertencia: aprender sobre la ley es como tratar de pastorear gatos. ¡El objetivo siempre se está moviendo!

Cuando vas en un viaje, tener un mapa, un atlas o un GPS es útil. Este libro te puede guiar mientras emprendes tu viaje por el mundo de la educación especial.

La información de este libro está organizada para que puedas encontrarla rápidamente. No necesitarás leerlo de principio a fin. Cada lección se sostiene por sí misma. También encontrarás enlaces a información relacionada o más avanzada en el libro o en internet.

Este libro te ofrecerá una comprensión básica de la educación especial. Más importante aún, te proporcionará una base firme para que puedas construir tu banco de conocimiento.

También puedes utilizar este libro para repasar o refrescar tu memoria sobre la educación especial o revisar lo que has aprendido.

¡Este libro es para ti!

¿Eres nuevo en la educación especial? ¿Estás buscando información fácil de entender? ¿Estás abrumado por la "jerga legal"? Si es así, ¡este libro es para ti!

Si eres padre de un niño con discapacidad, es posible que no tengas el tiempo ni la energía para leer un libro extenso sobre educación especial. También es posible que aún estés en el *shock* de descubrir que tu hijo tiene una discapacidad.

Este libro intenta abordar un tema complejo y hacer que el tema de la educación especial sea lo más claro y simple posible. Cada lección es un resumen de temas de educación especial. Muchas personas encuentran que pueden terminar cada lección en una hora o menos.

Si no eres nuevo en la educación especial, es posible que puedas encontrar este libro útil. Tal vez seas un defensor sin licencia, abogado, estudiante de derecho, maestro, proveedor de servicios relacionados, personal de apoyo o psicólogo que ya conoce los conceptos básicos de la educación especial.

¡No te preocupes! Cada lección incluye información, enlaces y citas a cuestiones legales más avanzadas que puedes encontrar útiles.

Muchos expertos han escrito libros sobre educación especial. Varios de los favoritos de la autora son los libros escritos y publicados por Peter W.D. Wright y Pamela Darr Wright, de las editoriales Wrightslaw y Harbor House Law Publishing. El Apéndice lista sus obras y libros de otros expertos en el campo, al igual que otros recursos.

Así que ¡empecemos!

Por favor, ¿podrías decirme qué camino seguir desde aquí?
Eso depende en gran medida de adónde quieras llegar.
No me importa demasiado adónde.
Entonces da igual qué camino tomes.
(Lewis Carroll, Alicia en el país de las maravillas).

Lección uno
Empezando

Entonces, ¿hacia dónde vas desde aquí?
En educación especial, ¡realmente importa!

La ley

Sí, Alicia, hay leyes sobre la educación especial. Esta lección se refiere a la ley federal, la Ley de Educación para Personas con Discapacidades (IDEA).

Puedes encontrar el estatuto de IDEA en 20 U.S.C. §1400 y sus Regulaciones en 34 C.F.R. Parte 300.

Esta lección también te introduce al *Comentario*. Aprenderás más sobre el *Comentario* en la Lección dos.

La mayoría de los estados también han aprobado su propia versión de la ley de educación especial. Puedes encontrar las normas y regulaciones de tu estado en el sitio web de la *Sociedad de Bibliotecarios Jurídicos de*

Washington D. C. Un enlace a este sitio web está en el *Apéndice*.

La Lección dos incluye información detallada sobre la ley de educación especial y otras leyes que afectan la educación especial.

Educación especial

La educación especial es "instrucción especialmente diseñada que satisface las necesidades únicas de un 'niño con discapacidad' y se ofrece sin costo alguno para los padres".

Un "niño con discapacidad" tiene una discapacidad que tiene un impacto adverso en el desempeño educativo y, como resultado de la discapacidad, necesita educación especial y servicios relacionados.

"Sin costo alguno" significa que tu escuela no puede cobrarte por la educación especial y los servicios relacionados de tu hijo. Aún debes pagar las mismas tarifas que otros padres por artículos y servicios de educación regular.

Puede ser útil pensar en la educación especial de esta manera: las escuelas públicas tienen el deber de enseñar a todos los estudiantes. Estos estudiantes tienen una amplia gama de habilidades. Muchos de estos estudiantes pueden aprender con materiales de educación regular en el aula de educación regular. Pueden adaptarse a diferentes métodos de enseñanza.

Algunos niños que tienen discapacidades no pueden hacer esto. Aprenden de manera diferente al estudiante típico. Necesitan una "instrucción especialmente diseñada". Sin esta instrucción, es posible que no puedan aprender como sus compañeros. En pocas palabras, ¡la instrucción especialmente diseñada es lo que hace que la educación especial sea "especial"!

Tu escuela debe proporcionar una educación pública gratuita y apropiada (FAPE) diseñada para satisfacer las necesidades únicas de tu hijo. La instrucción especialmente diseñada es una parte esencial de una FAPE.

Encontrarás definiciones legales para muchos de los términos en esta lección en 34 C.F.R. §§300.4 - 300.45.

Instrucción especialmente diseñada

La "instrucción especialmente diseñada" significa cambios en el contenido, la metodología o impartición de la instrucción necesarios para satisfacer las necesidades únicas de tu hijo. Tu hijo también podría necesitar instrucción especial para acceder al currículo de educación general.

Tu escuela debe darle a tu hijo la oportunidad de cumplir con los mismos estándares educativos que espera de los niños sin discapacidades y de estar en clases de educación general, programas no académicos y actividades extracurriculares.

Tu escuela debe proporcionar cualquier ayuda y servicios suplementarios que tu hijo necesita para permitirle participar tanto como sea posible en un aula de educación general. Estos incluyen cosas como un ayudante personal. El propósito de las ayudas y servicios suplementarios es permitir que tu hijo esté con sus compañeros no discapacitados tanto como sea posible. Aprenderás más sobre los apoyos y servicios suplementarios en la Lección ocho.

La instrucción especialmente diseñada puede tener lugar en aulas, tu hogar, un hospital u otras instituciones y otros entornos. La instrucción especialmente diseñada incluye Educación Física (PE), entrenamiento para viajes y educación vocacional.

El entrenamiento para viajes es una instrucción especialmente diseñada para niños con discapacidad intelectual significativa o un niño con cualquier otra discapacidad que lo necesite. El entrenamiento para viajes enseña a tu hijo las habilidades para desplazarse de un lugar a otro dentro y fuera de la escuela, el hogar, el trabajo y la comunidad. El entrenamiento en viajes está disponible para cualquier niño con discapacidad que lo necesite para *navegar* en su entorno.

La educación vocacional es un programa que prepara a tu hijo para una carrera de adulto que no requiere educación universitaria.

La PE incluye aptitud física y motora, habilidades y patrones motores, acuáticos y danza, juegos individuales y grupales, educación del movimiento, desarrollo motor y deportes.

Si tu hijo no puede participar en un programa regular de PE debido a una discapacidad, tu escuela debe diseñar un programa de PE Adaptado (APE) o proporcionar un programa de Educación Física Especial. Aprenderás más sobre PE en la Lección ocho.

La educación especial y los servicios relacionados que tu escuela provee para tu hijo deben cumplir con todos los estándares académicos y requisitos legales de tu estado.

Cuando tu hijo se vuelve elegible para educación especial, tú y la escuela redactarán un Plan de Educación Individualizado (IEP). El IEP de tu hijo detalla la instrucción especialmente diseñada y los servicios relacionados que recibirá tu hijo. El IEP también incluirá cualquier otro servicio y apoyos para tu hijo. Aprenderás más sobre el IEP en la Lección siete.

Si tu hijo es elegible, puede recibir educación especial y servicios relacionados en preescolar, escuela primaria y secundaria.

Encontrarás las definiciones legales para muchos de estos términos en 34 C.F.R. §§300.4 – 300.45 y 300.101.

¡Una talla única no le queda muy bien a nadie!

Un programa de educación especial "Talla Única para Todos" (OSFA) no es una instrucción especialmente diseñada. Los programas OSFA suelen diseñarse para ser convenientes para las escuelas.

¿Cómo reconocer un programa OSFA? Una forma de reconocerlo es si tu escuela dice que tiene un programa especial para "todos los niños con autismo" o "todos los niños con discapacidades de aprendizaje".

☞Los niños son como los copos de nieve, no hay dos iguales.

Tu hijo tiene necesidades únicas. Esto es cierto incluso si tu hijo y otros niños tienen el mismo diagnóstico, discapacidad o están en la misma categoría de discapacidad de educación especial.

No permitas que tu escuela coloque a tu hijo en un salón de clases debido a una "etiqueta" de educación especial. Eso no es "instrucción especialmente diseñada". Puede haber un momento en el que pienses que es apropiado que tu hijo reciba su educación en un salón de clases en particular debido a su etiqueta de discapacidad. Si es así, tu hijo aún debe recibir instrucción especialmente diseñada para cumplir con sus necesidades.

Puedes obtener más información sobre este tema en el *Comentario*, FR, vol. 71, nro. 156, 46587 (2006).

Como padre de un niño elegible para educación especial, tú eres un miembro igualitario de un grupo llamado "equipo del IEP". El equipo del IEP diseña y lleva a cabo casi todos los aspectos de la educación especial de tu hijo. Aprenderás más sobre el equipo del IEP en la Lección siete.

Entrar en la educación especial

En este punto, es posible que te preguntes: "¿Qué debo hacer para recibir una instrucción especialmente diseñada para mi hijo?" La respuesta corta es: "Nada". La respuesta realista es diferente.

Si bien la respuesta legal es que no es necesario hacer algo para que tu hijo ingrese a educación especial, a menudo los padres deben ayudar a su escuela a "encontrar" a su hijo.

Tu escuela tiene el deber de encontrar, evaluar e identificar a todos los niños con discapacidades entre 3 y 21 años que viven dentro de sus límites. Esto incluye a los niños que asisten a escuelas privadas y a los niños que reciben educación en el hogar. Este deber se llama "*Child Find*" (Búsqueda de Niño). Aprenderás más sobre *Child Find* en la Lección cuatro.

También puedes obtener más información sobre *Child Find* en 34 C.F.R. §§300.111, 300.131, 300.134 y en el *Comentario*, FR vol. 71, nro. 156, 46727, (2006).

Remisión

Para recibir educación especial, alguien primero debe derivar a tu hijo para una evaluación inicial. Una evaluación inicial debe ser completa e individualizada.

☞ Antes de que tu escuela pueda evaluar a tu hijo, debes dar tu consentimiento por escrito.

Un equipo de la escuela llevará a cabo una evaluación individualizada completa (FIE). Esta FIE generalmente comienza con alguien que te entrevista a ti y al maestro de tu hijo para recopilar información informal.

Después de la entrevista, al menos una persona le aplicará a tu hijo una serie de pruebas. Después de las pruebas, el evaluador redacta un informe con toda la información recopilada. El evaluador entrega este informe a todos los miembros del equipo del IEP.

Un informe de FIE debe sugerir si tu hijo parece tener una discapacidad y el tipo de instrucción, servicios relacionados y otros apoyos que necesita. Aprenderás más sobre la FIE en la Lección cuatro.

Tú y los demás miembros del equipo revisarán el informe de la evaluación y cualquier otra información disponible. Después de discutir completamente los resultados de la FIE y cualquier otra información disponible, el equipo decide si tu hijo es elegible para educación especial y los servicios relacionados.

Si el equipo decide que tu

hijo tiene una discapacidad que tenga un impacto adverso en su desempeño educativo, entonces diseñará un plan para la educación especial de tu hijo.

☞Recuerda: eres un miembro completo del equipo que decide si tu hijo es elegible y qué servicios debe recibir.

Tú, el Departamento de Educación (DOE) de tu estado o alguien de tu escuela puede remitir a tu hijo para una evaluación inicial. Aprenderás más sobre el proceso de remisión en la Lección cuatro.

Puedes aprender más sobre este tema en 34 C.F.R. §300.301 - 300.305 y en el *Comentario*, FR, vol. 71, nro. 156, 46656, 46727, 46750 (2006).

Plazos y cronogramas

Casi todo en educación especial tiene un plazo. Un plazo es una fecha específica o un número de días en los que tu escuela debe hacer algo —o a veces tú mismo—.

Encontrarás que muchos plazos se denominan "días". Esto puede ser confuso, porque hay varias definiciones para el término "días". Leerás más al respecto en la siguiente sección de esta lección.

La mayoría de los plazos son cronogramas que las escuelas deben seguir. Pero hay algunos plazos que tú como padre debes cumplir. Cada lección de este libro explicará si hay algún plazo aplicable a algún tema sobre el que estés aprendiendo.

¿Qué es un "día"?

Es importante que entiendas el significado de la palabra "día" cuando estás aprendiendo sobre plazos. Un "día" puede significar cosas diferentes, incluso cuando la palabra se utiliza dentro de la misma ley.

Un "día" puede significar un día calendario, un día hábil, un día escolar, un día de instrucción o un día administrativo. Cuando veas la palabra "día" o la palabra "días", siempre busca una definición que explique su significado.

☞ Si no hay una definición de "día", y la ley o regulación no dice lo contrario, "día" o "días" generalmente significa días calendario.

Puedes encontrar definiciones en la sección inicial de una ley o regulación. Sin embargo, a veces estarán dispersas por todo el documento.

Si no puedes encontrar una definición de "día", llama a tu departamento estatal de educación y pregunta qué significa la palabra.

Puedes encontrar las definiciones federales de las palabras "día", "día hábil" y "día escolar" en el 34 C.F.R. §300.11.

Si solo recuerdas una cosa de esta lección, recuerda esto: un Programa "Talla Única para Todos" (OSFA) no es una instrucción especialmente diseñada.

Una ley es valiosa, no porque sea una ley, sino porque hay un derecho en ella (Henry Ward Beecher).

Lección dos
La ley

Aprendiendo sobre la ley

Los defensores experimentados que no son abogados saben que comprender la ley es esencial. Esta lección te introduce a varias leyes que afectan o regulan la educación especial. Puedes seguir construyendo tu conocimiento a partir de lo que aprendas en esta lección.

Lo primero que debes recordar es que las leyes son objetivos móviles. Pueden cambiar de un día para otro. Desde el momento en que tomas este libro hasta que terminas de leerlo, las leyes cambiarán.

Las quejas estatales, decisiones de audiencias de debido proceso y las decisiones judiciales continuamente aclaran y explican el significado de la ley. La mejor manera de entender la ley es leer tanto sobre ella como puedas. Lee decisiones judiciales; lee las decisiones de audiencias, lee los informes de investigación de quejas; lee las "*Dear Colleague letters*" [*Cartas a los estimados colegas*] de la Oficina de Programas de

Educación Especial (OSEP) y de la Oficina de Educación Especial y Servicios de Rehabilitación ("OSERS"). Cuanto más leas, mejor entenderás lo que significa la ley en diferentes situaciones, condiciones y lugares.

El Congreso tiene la autoridad para enmendar la IDEA, la ley federal que controla la educación especial. Mientras estás leyendo este libro, corren rumores de que el Congreso enmendará la IDEA por quinta vez.

Es importante que intentes mantenerte al tanto de cualquier enmienda. Esto afectará tus derechos de educación especial y los derechos de tu hijo.

No te desanimes si no puedes conocer siempre todos los cambios en la ley de educación especial. ¡Incluso los abogados encuentran difícil mantenerse al día en todo! Date una palmadita en la espalda por estar haciendo lo que puedes para mantenerte actualizado.

Ni esta lección ni este libro incluyen decisiones u opiniones judiciales. Estas cambian con demasiada frecuencia como para que cualquier libro pueda tener la información más actualizada.

Sin embargo, en el *Apéndice* encontrarás recursos que te ayudarán a mantenerte actualizado sobre la ley y las decisiones judiciales. También encontrarás enlaces a herramientas gratuitas de investigación jurídica.

Ley de Educación para Personas con Discapacidades

La ley más importante que debes conocer es la Ley de Educación para Personas con Discapacidades. El Congreso aprobó la primera ley federal de educación especial en 1975. Se llamaba Ley de Educación de Todos los Niños Discapacitados (EAHCA).

El enfoque de la EAHCA estaba en el acceso a la puerta de la escuela, porque más de un millón de niños no podían asistir a las escuelas públicas simplemente porque tenían una discapacidad.

La ley federal de educación

especial establece estándares, controla y proporciona fondos federales para la educación especial en todos los estados y territorios de EE. UU.

En 1983, 1990, 1997 y 2004 el Congreso realizó cambios o enmiendas importantes a la EAHCA. Después de las enmiendas de 2004, el Congreso cambió el nombre de la ley a Ley de Mejora de la Educación para Individuos con Discapacidades (IDEA).

☞ Al leer la ley, es esencial comprender el significado de "debe" y "deberá". Si ves cualquiera de estas palabras, recuerda que no son "sugerencias" ni "opciones". *Comentario*, FR, vol. 71, nro. 156, 46666 (2006).

El proceso para elaborar la ley de educación especial comienza cuando el Congreso aprueba un estatuto. Después de eso, el Departamento de Educación de EE. UU. (USDOE) tiene la obligación de redactar regulaciones que implementen, expliquen y aclaren el estatuto.

Tanto el estatuto como las regulaciones son "la ley". La ley IDEA se encuentra en 20 U.S.C. §§1400-1419, y las regulaciones se encuentran en 34 C.F.R. Parte 300.

Cada estado y territorio ha aprobado una ley de educación especial. Algunos estatutos estatales reflejan palabra por palabra la IDEA. Otros estados se adentran más y explican claramente los requisitos estatales. La IDEA proporciona los estándares mínimos de educación especial para los estados.

☞ Tu estado puede otorgarles a ti y a tu hijo más derechos, protecciones y garantías de las que se encuentran en la IDEA. No puede quitar ni disminuir ninguna de las que se encuentran en la IDEA.

Tú y tu hijo tienen derechos, protecciones y garantías bajo la IDEA y sus regulaciones. Aprenderás más sobre esto en la Lección tres.

Puedes encontrar el estatuto de tu estado en la Sociedad de Bibliotecarios Jurídicos de Washington D. C. El *Apéndice* incluye un enlace a este sitio web.

Propósitos de la IDEA

La parte más importante de la IDEA y las regulaciones es la sección llamada *Propósitos*.

Uno de los propósitos de la IDEA es que la educación de tu hijo debe prepararlo para: (a) ir a la universidad u otro tipo de capacitación (educación vocacional); (b) encontrar y mantener un trabajo (empleo); y (c) vivir como adulto de la manera más independiente posible (vida independiente).

Cuando el Congreso se preparaba para enmendar la IDEA en 2004, descubrió que la ley original de educación especial había tenido éxito en su esfuerzo por brindar a los niños con discapacidades acceso a una educación pública; sin embargo, sus *resultados* fueron menos exitosos.

Una de las razones de los pésimos resultados para los estudiantes con discapacidades fue que las escuelas establecieron expectativas demasiado bajas para ellos. Otro problema era que los maestros de educación especial no siempre tenían acceso a métodos de enseñanza con base científica.

Como resultado, muchos niños con discapacidades que completaron su educación en la escuela pública no podían funcionar de manera independiente como adultos. Muy pocos eran adultos autosuficientes y estaban aislados de trabajos, hogares y amigos.

En sus enmiendas, el

Los propósitos de este título son: garantizar que todos los niños con discapacidades tengan a su disposición una educación pública adecuada y gratuita que enfatice en la educación especial y los servicios relacionados diseñados para satisfacer sus necesidades únicas y prepararlos para una educación superior, empleo y vida independiente. 20 USC §1400(d)(1). Ver también 34 C.F.R. §300.1.

Congreso cambió el enfoque de la IDEA para mejorar los resultados de la educación especial. Requiere que tu escuela tenga altas expectativas para tu hijo. También debe utilizar mejores métodos de enseñanza e instrucción basada en la ciencia.

Sección 504 de la Ley de Rehabilitación

La ***Sección 504*** es una ley federal que afecta la educación de niños con discapacidades. No es una ley de educación especial; es una ley de derechos civiles. Fue la primera ley de derechos civiles relacionada con discapacidades alguna vez promulgada por el Congreso.

La *Sección 504* protege a tu hijo de ser discriminado por su discapacidad. Le brinda a tu hijo acceso equitativo a las escuelas y a la educación pública.

El acceso incluye actividades académicas, no académicas, clubes, atletismo y actividades extracurriculares.

El estatuto de la *Sección 504* se encuentra en el 29 U.S.C. §794, y sus reglamentos en el 34 C.F.R. Parte 104. La Subparte D es la sección que se aplica a la educación preescolar, primaria y secundaria.

La *Sección 504* brinda una amplia protección a las personas con discapacidades y a aquellos como tú, que actúan como defensores de sus hijos. Algunos la llaman la ley "paraguas" porque abarca a muchas más personas que las protegidas

> Ninguna persona calificada con discapacidad en los Estados Unidos, según se define en la §705(20) de este título, será excluida, únicamente por razón de su discapacidad, de la participación en, ni se le negarán los beneficios de, o ser objeto de discriminación bajo cualquier programa o actividad que reciba asistencia financiera federal... 29 U.S.C. §794(a).

bajo la IDEA. Sin embargo, también tiene menos derechos y protecciones..

Puedes obtener más información sobre este tema en el 34 C.F.R. §104.36 y en el 34 C.F.R. §§300.121 y 300.500 - 300.520.

La *Sección 504* se aplica únicamente a programas y actividades que reciben fondos federales en todos los estados y territorios de EE. UU. Esta brinda protección y garantías para tu hijo desde preescolar hasta la universidad. Cubre escuelas públicas, escuelas autónomas y algunas escuelas privadas si reciben algún tipo de financiamiento federal.

La *Sección 504* no proporciona financiamiento federal para las escuelas porque es una ley de derechos civiles.

Tu hijo tiene derecho a una FAPE, según la IDEA y la *Sección 504*; sin embargo, la definición de FAPE es diferente bajo las dos leyes.

La FAPE bajo la *Sección 504* significa que tu hijo tiene derecho a igual *acceso* a todos los programas que disfrutan los niños sin discapacidades. Para cumplir con la definición de FAPE en la *Sección 504*, tu escuela debe satisfacer "las necesidades de un niño con discapacidad, tan adecuadamente como satisface las necesidades de los estudiantes sin discapacidades".

La *Sección 504* define la FAPE en el 34 C.F.R. §104.33, e IDEA lo define en el 34 C.F.R. 300.17.

A medida que continúes tus estudios, comprenderás mejor las diferencias entre la *Sección 504* y la IDEA.

La Tabla 1 en las páginas siguientes muestra algunos ejemplos de estas diferencias.

Tabla 1

IDEA y Sección 504

IDEA	*Sección 504*
Derecho a una FAPE que satisfaga las necesidades únicas del niño y lo prepare para una educación superior, empleo y vida independiente. Incluye actividades académicas, no académicas, atléticas y extracurriculares. Proporciona derechos y protecciones para estudiantes y padres.	Prohíbe la discriminación basada en discapacidad, el acoso y el hostigamiento en programas o actividades que reciben financiamiento federal. Proporciona igualdad de oportunidades para participar en actividades académicas, deportivas y extracurriculares.
Aplicable a escuelas públicas, distritos escolares públicos, escuelas públicas autónomas y escuelas imanes.	Aplicable a escuelas públicas, distritos escolares públicos, escuelas públicas autónomas, escuelas imanes, universidades, estados, agencias públicas o privadas, instituciones, organizaciones, personas y otras entidades que reciben fondos federales directa o indirectamente a través de otro receptor.
La discapacidad debe afectar negativamente el rendimiento educativo y, *por esta razón*, el niño debe necesitar educación especial y servicios relacionados.	Impedimento físico o mental de una función corporal importante que limite sustancialmente una o más actividades vitales importantes. Incluye actividades o funciones no específicamente enumeradas. La discapacidad no necesita afectar negativamente el rendimiento educativo.
Aplicable a edades de 3 a 21 años (más años en algunos estados).	Aplicable a programas de educación preescolar, primaria y secundaria. Los estudiantes deben tener la edad en la que las escuelas brindan servicios educativos a los no discapacitados, cuando la ley estatal requiere servicios educativos o cuando un estado proporciona FAPE bajo la IDEA.
Provisión de *Child Find*.	La provisión de *Child Find* difiere de la IDEA.
Requiere una evaluación inicial, integral e individual. Permite una IEE. Requiere reevaluaciones trienales a menos que los padres y la escuela acuerden lo contrario. Requiere reevaluación antes de un cambio en la elegibilidad.	Debe evaluar solo a petición de los padres. No se requiere evaluación formal. Sin provisión para IEE. Requiere reevaluaciones periódicas. Requiere reevaluación antes de un cambio significativo de colocación o salida de un plan 504.

IDEA	*Sección 504*
(Tabla 1. Continuación)	
Se requiere el consentimiento de los padres para la evaluación inicial, reevaluación, provisión de servicios. Requiere la participación de los padres.	Se requiere el consentimiento de los padres solo para la evaluación inicial. Aviso a los padres solo para la provisión de servicios. Requiere aviso a los padres.
Derechos y garantías sustanciales, incluye un derecho a una audiencia y proceso de apelación con procedimientos extensos y un mediador independiente. Requiere un IEP escrito con participación de los padres y colocación basada en el IEP. Tiene derecho a FAPE durante suspensiones, expulsiones.	Requiere aviso y copia de garantías procesales. Derecho a un proceso de audiencia y revisión desarrollado por la escuela. No requiere un plan escrito. La escuela decide si el padre es miembro del equipo. La colocación no se basa necesariamente en un plan 504. Tienen derecho a FAPE durante suspensiones/expulsiones solo si un comportamiento está relacionado con la discapacidad.

Ley de Derechos Educativos y Privacidad Familiar

La Ley de Derechos Educativos y Privacidad Familiar ("FERPA") es una ley federal que protege la privacidad y confidencialidad de los registros educativos de *todos los padres y estudiantes*. No está limitada a estudiantes de educación especial.

Los requisitos de la FERPA están incorporados en la IDEA y también pueden estar incluidos en la ley de educación especial de tu estado. Para tu conveniencia, en esta lección se incluyen citas de ambas leyes.

Puedes aprender sobre la FERPA 34 C.F.R. Parte 99.

Con algunas excepciones, los registros educativos de tu hijo son privados. Tu escuela no puede divulgarlos sin tu consentimiento o el de tu hijo adulto.

La información "directorio" es una de las excepciones. Tu escuela puede divulgar la "información directorio" sin tu permiso a menos que tú o tu hijo adulto le indique expresamente que no lo haga.

La información del directorio incluye cosas como la participación de tu hijo en actividades extracurriculares y atléticas, títulos y premios, y áreas de estudio.

Los registros educativos son *documentos* que tu escuela conserva sobre tu hijo. El formato de los documentos o cómo se almacenan no importa. Pueden estar escritos a mano o impresos, guardados electrónicamente o almacenados en medios informáticos.

Los registros educativos incluyen correos electrónicos; mensajes de texto; cintas de video o audio; películas, o microfilmes o microfichas.

Si alguien de la escuela guarda notas personales" sobre tu hijo y no las comparte con nadie más, no son registros educativos. Sin embargo, una vez que esa persona comparte las notas con *alguien más*, se consideran registros educativos.

Tú o tu hijo pueden ver los registros escolares o dar permiso a alguien más para verlos.

Se te permite consultar los registros educativos de tu hijo "sin retraso innecesario" y antes de una reunión del IEP, una reunión de resolución o una audiencia.

Aprenderás más sobre las reuniones de resolución y las audiencias en la Lección once.

En ningún caso tu escuela puede retrasar o negar el acceso a los registros educativos de tu hijo por más de 45 días. La FERPA no define "día", por lo que el término significa días del calendario.

La FERPA no dice por cuánto tiempo tu escuela debe guardar los registros educativos de tu hijo. Sin embargo, la IDEA establece que tu escuela debe conservarlos hasta que ya no sean necesarios para los servicios escolares.

En cualquier caso, tu escuela debe notificarte antes de destruir los registros de educación especial de tu hijo. Puedes obtener más información sobre este tema en 34 C.F.R. §300.624.

Tu escuela tiene permiso para conservar los registros educativos en una variedad de lugares. Si lo solicitas, debe darte una lista de los lugares donde guarda los registros de tu hijo.

Puedes obtener más información sobre este tema en 34 C.F.R. §300.616.

Si solicitas copias de los registros de tu hijo, tu escuela puede cobrar por las copias. Si el cargo te impide revisar los registros de tu hijo, tu escuela no debe cobrarte. En cualquier caso, no puede cobrarte una tarifa por buscar o recopilar los registros. Solo puede cobrar por las copias.

Puedes aprender más sobre este tema en 34 C.F.R. §300.617.

☞ Una vez que solicites ver los registros de tu hijo, tu escuela no puede alterarlos ni destruirlos.

Puedes obtener más información sobre este tema en 34 C.F.R. §300.613 y 34 C.F.R. Parte 99.

Si encuentras que los registros de tu hijo son incorrectos o inexactos, puedes pedirle a tu escuela que los corrija. Si tu escuela se niega a hacerlo, puedes solicitar una audiencia FERPA o puedes escribir una carta explicando por qué los registros son incorrectos. La escuela debe conservar una copia de tu carta con los registros de tu hijo.

Un proceso de queja por escrito está disponible si tu escuela no sigue la FERPA o IDEA. Aprenderás más sobre las quejas en la Lección tres y sobre las audiencias en la Lección once.

Es una buena idea revisar los registros de tu hijo al menos una vez al año, preferiblemente antes de que termine el año escolar. Algunas escuelas destruyen ciertos tipos de registros escolares al final del año escolar.

Otras ocasiones en las que quizá podrías querer ver los registros de tu hijo son cuando planea mudarse a otro distrito escolar o si tu hijo está cambiando de escuela, se gradúa, supera la edad o abandona esa escuela en particular. Guarda copias de los registros de tu hijo después de que salga del sistema escolar público. Es posible que tu hijo los necesite para calificar para servicios para adultos. Las universidades, escuelas técnicas, rehabilitación vocacional y servicios de discapacidad del Seguro Social pueden querer ver estos registros.

El *Comentario*

Esta lección no estaría completa sin hablarte sobre el *Comentario*. Si bien el *Comentario* no es "la ley", encontrarás que incluye información útil sobre la IDEA.

Puedes encontrar el *Comentario* en el Registro Federal, vol. 71, nro. 156, páginas 46540-46845, publicado el 14 de agosto de 2006. De igual modo, el sitio web de Wrightslaw tiene un archivo PDF con capacidad de búsqueda que puedes descargar, guardar o imprimir. El Apéndice de este libro incluye un enlace a este sitio web.

Después de que el Congreso enmendó el estatuto de la IDEA en 2004 y el USDOE redactó las regulaciones propuestas, los miembros del público tuvieron la oportunidad de leerlos y hacer comentarios.

El USDOE estudió los comentarios, respondió a muchos de ellos y cambió o se negó a cambiar los reglamentos propuestos basándose en los comentarios. A menudo, el USDOE explicó en el *Comentario* las razones por las que hicieron o no hicieron cambios en las enmiendas de la IDEA de 2004.

El *Comentario* se publicó en el Registro Federal como *Análisis de comentarios y cambios*.

La ley de educación especial de tu estado

Como se mencionó anteriormente, muchos estados simplemente adoptan la IDEA palabra por palabra para su ley estatal de educación especial. Otros amplían los requisitos de la IDEA.

Puedes comparar la ley de tu estado con la IDEA para ver si le otorga los mismos derechos o más.

Si no puedes encontrar la ley de tu estado, llama a tu DOE y pide que te envíen una copia.

Puedes encontrar decisiones judiciales utilizando *Google Scholar*.

☞ A menudo, las respuestas sobre el significado de palabras y términos en la IDEA se encuentran únicamente en el *Comentario*. Algunos tribunales han utilizado el *Comentario* para explicar sus fallos sobre la educación especial. Ver: *Ty contra el Departamento de Educación de Nueva York*, 584 F.3d 412 (2009), y *Sheils contra Pennsbury Sch. Dist., Acción Civil nro.* 14-2736, Dist. de EE. UU. Connecticut. Pensilvania, Mem. op. (2015).

Si solo recuerdas una cosa de esta lección, recuerda esto: ¡Tu escuela tiene la obligación de preparar a tu hijo para una educación postsecundaria, un empleo y vida independiente!

Creo que todo derecho implica una responsabilidad; cada oportunidad, una obligación; cada posesión, un deber (John D. Rockefeller).

Lección tres
Derechos y garantías

Tus derechos

Imagina un mundo en el que todos los estudiantes salen de la escuela completamente preparados para "la educación superior, el empleo y la vida independiente". Eso significa mucho más que simplemente obtener un diploma.

El propósito de una educación apropiada es preparar a tu hijo para la vida fuera del aula de clases. Si no aprende las habilidades que necesita para convertirse en un adulto exitoso, un diploma no tiene valor.

La IDEA te otorga a ti y a tu hijo muchos derechos y protecciones. En la ley de educación especial, hay una palabra que destaca una y otra vez, esa palabra es "padre".

¿Sabías que las palabras "padre" o "padres" están incluidas en el estatuto de la IDEA al menos 339 veces?

¡El Congreso debe creer que tienes un papel crítico en la educación de tu hijo al referirse a ti tan a menudo en la ley!

Después de todo, eres la

persona que está ahí para tu hijo cuando sale a la escuela por la mañana. Estás allí para abrazarlo cuando llega a casa. Eres la persona que proporciona estabilidad para tu hijo.

☞El Congreso te dio más que solo un asiento en la mesa del IEP; te convirtió en un miembro igualitario del equipo que toma decisiones sobre la educación de tu hijo.

Claramente, el Congreso comprende lo importante que eres para el éxito educativo de tu hijo.

El cambio es la norma en la escuela. Los niños a menudo tienen un maestro diferente cada año. Los directores son promovidos, trasladados a otros puestos o se retiran. Los equipos de IEP pueden tener miembros diferentes cada vez que se reúnen. A veces las escuelas cierran y tu hijo debe ir a un nuevo campus.

El Congreso sabe esto. Al promulgar la IDEA, quería que al menos una cosa fuera constante en la vida escolar de tu hijo. Esa es una de las razones por las cuales el Congreso te hizo un miembro importante del equipo de IEP.

El Congreso te otorgó gran poder y muchos derechos bajo la IDEA. También tienes algunas responsabilidades.

Tu principal responsabilidad es asegurar que tu hijo esté en la escuela. La ley no exige que hagas mucho más.

Podrías, si quisieras, dejar a tu hijo en el preescolar y recogerlo después de la escuela secundaria.

Pero estás tomando el tiempo para leer este libro y eso dice mucho sobre ti y lo que consideras importante.

Claramente, quieres que tu hijo sea un adulto exitoso y estás dispuesto a hacer lo que sea necesario para asegurar que tu hijo esté preparado para la vida adulta.

La ley no requiere que asistas a las reuniones del IEP de tu hijo. ¡Pero es tu responsabilidad hacer de esto una prioridad!

Si uno de tus objetivos es que tu hijo tenga la oportunidad de continuar en la escuela o recibir entrenamiento vocacional después de la escuela secundaria, sabes lo importante que es para él aprender las habilidades para hacerlo.

También es importante que pueda encontrar y conservar un empleo y aprender las habilidades que necesitará para vivir lo más independientemente posible como adulto.

Por lo tanto, no importa que la ley requiera muy poco de ti. Si quieres que tu hijo sea un adulto exitoso, tienes grandes responsabilidades. ¡Leer este libro es un gran comienzo para aprender cómo la educación especial debe enseñar a tu hijo estas habilidades!

Aviso de garantías procesales

¿Recuerdas tu primera experiencia en educación especial? Te invitaron a una reunión que pensaste que sería como una conferencia de padres y maestros, pero, cuando llegaste allí, la sala estaba llena de gente, conocías a algunos de ellos; otros eran completos desconocidos.

Al igual que muchos padres, es posible que te hayas sentido solo, intimidado y asustado. ¡Apenas ingresaste a la sala, notaste que esta reunión no era en absoluto como una conferencia de padres y maestros!

Alguien podría haberte entregado un largo documento impreso en letras minúsculas y preguntarte si tenías alguna pregunta. Es posible que te hayan preguntado si querías que alguien te leyera este documento.

En ese momento, es posible que no hayas comprendido la importancia de este documento. Era tu Aviso de Garantías Procesales (**NOPS**). El **NOPS** explica los derechos y protecciones que tú y tu hijo disfrutan bajo la **IDEA** y la ley de educación especial de tu estado.

Tu **NOPS** debería explicarte lo que debes esperar y qué hacer cuando no estés de acuerdo. También ofrece información valiosa sobre plazos y el proceso de educación especial.

Tu escuela debe darte una copia de tu NOPS al menos una vez al año y en otros momentos determinados. Puedes averiguar cuándo son esos momentos consultando en tu NOPS. Si no puedes encontrarlos, llama al DOE de tu estado.

Lamentablemente, algunos padres se asustan tanto al ver el NOPS que nunca lo leen. Es posible que se avergüencen de no poder leer lo suficientemente bien como para entenderlo. Incluso los padres que pueden leer bien, encuentran difícil comprender el significado de toda la información del NOPS.

Debido a que el NOPS es un documento legal, no es fácil de leer. Es importante recordar que tu escuela tiene el deber de explicarte tus derechos y garantías. No tengas miedo de pedirle a alguien que te explique las cosas que no entiendes.

Las otras lecciones de este libro te ayudarán a aprender más sobre tus derechos y garantías. Considera esta lección tu versión de NOPS en *Reader's Digest* ©. Por ahora, simplemente recuerda que tus derechos y garantías encajan en cuatro áreas.

Puedes aprender más sobre este tema en 34 C.F.R. §300.504 y 34 C.F.R. §§300.121 y 300.500 - 300.520. El *Comentario* también contiene muchas referencias a tus garantías procesales y derechos encontrados en el NOPS.

Derecho número uno: ¡Estar involucrado!

Tienes derecho a participar en cada decisión sobre la educación de tu hijo. Tu escuela debe invitarte a todas las reuniones de elegibilidad, IEP y colocación. Si no puedes asistir a una reunión de IEP, tu escuela debe tratar de hacer arreglos para que participes de otra manera.

Tu escuela puede reprogramar la fecha o la hora de la reunión. Puedes asistir por teléfono, videoconferencia, Zoom u otros medios electrónicos. Tu escuela debe hacer intentos para darte la oportunidad de asistir y participar en estas reuniones.

Tu escuela debe obtener tu consentimiento —o al menos darte la oportunidad de estar en desacuerdo— antes de tomar casi todas las decisiones que afectan la educación de tu hijo.

Tu escuela no puede evaluar, reevaluar, colocar a tu hijo en educación especial ni comenzar servicios de educación especial por primera vez, a menos que des tu consentimiento por escrito.

Cuando tu escuela solicita tu consentimiento, debes asegurarte de entender para qué estás dando tu permiso. También debes asegurarte de entender que, al dar tu consentimiento, tienes derecho a retirarlo en cualquier momento.

Puedes obtener más información sobre este tema en 34 C.F.R. §300.9, §300.300, §300.622 y en el *Comentario*, FR, vol. 71, nro. 156, en 46551, 46585, 46588, 46592, 46593, 46597, 46603, 46604, 46608, 46626, 46629 - 46643, 46658 - 46660, 46669 - 46670, 46672 - 46676, 46681 - 46682, 46685 - 46687, 46690 - 46691, 46727 - 46728 (2006).

En la mayoría de las circunstancias, tu escuela no puede cambiar el programa y colocación de tu hijo, ni puede tomar la decisión de retirar a tu hijo de la educación especial sin darte la oportunidad de estar en desacuerdo. Estos son parte de tus derechos de debido proceso legal constitucional. Aprenderás más sobre el debido proceso en la Lección once.

Como miembro igualitario del equipo del IEP, tienes la misma capacidad de opinar que cualquier otra persona. Tienes derecho a ayudar a planificar el IEP de tu hijo y decidir dónde será colocado. Puedes invitar a otras personas a las reuniones del IEP. Aprenderás más sobre el equipo del IEP y tu función en la Lección siete.

Puedes obtener más información sobre este tema en 34 C.F.R. §§300.23, 300.116, 300.321 y 300.328, y en el *Comentario*, FR, vol. 71, nro. 156, en 46669 - 46670,

46673, 46688 (2006).

Si tu lengua materna no es el inglés o tú o tu hijo tienen una discapacidad que requiere un intérprete para que entiendas tus derechos, tu escuela debe proporcionarlo.

Puedes obtener más información sobre este tema en 34 C.F.R. §§300.29, 300.322(d) y (e), y en el *Comentario*, FR, vol. 71, nro. 156, 46564, 46570, 46572, 46679, 46688 (2006).

Si pides una copia del IEP de tu hijo, tu escuela debe entregarlo sin costo alguno. En algunos estados, las escuelas deben dar a los padres una copia gratuita del IEP —incluso si no la solicitan—.

Puedes obtener más información sobre este tema en 34 C.F.R. §300.324(a)(6), 300.322(f), y en el *Comentario*, FR, vol. 71, nro. 156, en 46679, 46687 (2006).

Tu escuela debe darte informes sobre el progreso de tu hijo al menos con la misma frecuencia que entrega boletas de calificaciones a los padres de niños sin discapacidad.

Puedes obtener más información sobre este tema en 34 C.F.R. §300.320(a)(3)(ii) y en el *Comentario*, FR, vol. 71, nro. 156, en 46664 (2006).

Derecho número dos: dar información sobre tu hijo

Es posible que seas el único miembro del equipo del IEP que conoce a tu hijo fuera del entorno escolar. Tú sabes cómo se comporta tu hijo e interactúa con otros en el hogar, en la comunidad, en el vecindario y en situaciones de la vida real.

☞ Eres una mina de oro de información. Conoces a tu hijo mejor que nadie. Tú fuiste el primer maestro de tu hijo.

Una jornada escolar de seis horas es solo un pequeño vistazo en el tiempo durante el cual los maestros y otro personal escolar ven a tu hijo. Las escuelas también son entornos muy estructurados. Estás con tu hijo durante muchas de las otras dieciocho horas del día. Esto es casi tres veces más de lo que cualquier persona en la escuela pasa con tu hijo. ¡Tu información y experiencia con tu hijo significan que *tú* eres el experto en la sala!

¡Sin tu aportación y retroalimentación, no es posible que el equipo del IEP desarrolle un IEP que proporcione a tu hijo una FAPE! El equipo debe considerar lo que tienes que decir cuando crea el IEP.

Lo mismo es cierto cuando tu escuela evalúa o reevalúa a tu hijo. Tus aportes y retroalimentación son críticas para una evaluación completa e individualizada. Tu escuela debe considerar tus inquietudes y recomendaciones y sugerencias preliminares. Debe incluir estas en el proceso de recolección de datos.

Tienes derecho a proporcionar información sobre tu hijo en un informe escrito. Algunos padres llaman a esto un *Informe de padres*. Aprenderás más sobre el *Informe de padres* en la Lección siete.

Puedes obtener más información sobre este tema en 34 C.F.R. §§300.304, §300.322, §300.327, §300.328, y 300.501(b) y (c). El derecho a expresar preocupaciones está en 34 C.F.R. 300.324(a)(ii) y (b)(1)(ii)(C). El derecho a entregar a la escuela un informe escrito se encuentra en el *Comentario*, FR, vol. 71, nro. 156, en las páginas 46678 y 46688 (2006).

Derecho número tres: derecho a discrepar

Es probable que no siempre estés de acuerdo con todo lo que sugiere o recomienda el equipo del IEP. La IDEA te da derecho a discrepar y proporciona varios formatos para expresar tus inquietudes y desacuerdos. Puedes presentar una queja estatal, una queja de debido proceso o puedes solicitar una mediación para intentar resolver el desacuerdo.

Aprenderás más sobre las quejas más adelante en esta lección, y sobre las quejas de debido proceso en la Lección once.

Puedes obtener más información sobre este tema en 34 C.F.R. §§300.502 (b),

300.506, 300.532, 300.140 y en el Comentario, FR, vol. 71, nro. 156, en 46678 (2006).

Derecho número cuatro: debido proceso

Uno de tus derechos más importantes es el derecho al debido proceso. Tanto tú como tu hijo tienen derechos de debido proceso. Aprenderás más sobre el debido proceso y la resolución alternativa de disputas en la Lección once.

Realmente es así de simple

A medida que continúes en tu camino para convertirte en un experto en educación especial, aprenderás sobre tus otros derechos y garantías. Verás que casi todos ellos encajan fácilmente en uno o más de los cuatro derechos enumerados en esta lección.

El objetivo de este libro es hacer que el complicado proceso de educación especial sea lo más simple posible. Por lo tanto, por ahora, mientras comienzas este viaje, intenta recordar estos cuatro derechos legales básicos.

Transferencia de derechos a tu hijo

La ley estatal determina a qué edad tu hijo es considerado un adulto. En la mayoría de los estados es a los 18 años. Cuando tu hijo se convierte en adulto según la ley de tu estado, sus derechos se transfieren automáticamente a tu hijo. En la mayoría de los casos, hay una excepción si tu hijo es legalmente incompetente.

Después de la transferencia de sus derechos, tu hijo decide si quiere que sigas participando en sus decisiones educativas y en qué medida.

Debes ayudar a tu hijo a aprender a defenderse por sí mismo lo mejor que pueda. Debe estar preparado para el día en que se le permita ser responsable de su propia educación. Una forma de hacerlo es asegurarse de que el IEP de tu hijo incluya objetivos de autodefensa mensurables lo antes posible. Muchos niños pueden comenzar a aprender habilidades de autorrepresentación en la escuela primaria.

Puedes obtener más información sobre este tema en 34 C.F.R. §300.520 y en el *Comentario*, FR, vol. 71, nro. 156 en 46545, 46668, 46671, 46713 y 46737 (2006).

Quejas estatales

Cualquier persona puede presentar una queja estatal, ya sea que viva dentro o fuera del estado. Puedes presentar una queja estatal ante el DOE de tu estado.

Algunos problemas que son apropiados para una queja estatal incluyen si tu escuela no está siguiendo el IEP de tu hijo, la IDEA o la ley de educación especial de tu estado, tienes derecho a pedir al DOE estatal que lo investigue.

Si necesitas ayuda, puedes pedirle a otra persona que te ayude a presentar una queja.

Tu queja estatal debe presentarse por escrito y debe incluir ciertas cosas. Tu NOPS te dirá qué cosas incluir. Puedes comunicarte con tu DOE estatal para obtener más información sobre cómo presentar una queja estatal.

Cada estado tiene un formulario modelo de queja estatal para su uso. Tu DOE puede tener su formulario en su sitio web. Si no puedes encontrar el formulario modelo, llama a tu DOE y pídele que te envíe en físico o por correo electrónico el formulario.

No es necesario que utilices el formulario modelo del estado. Sin embargo, al usarlo, es probable que tu queja incluya todo lo que tu estado requiere.

Debes enviar una copia de tu queja a tu escuela *y* al DOE estatal. El DOE tiene que responder a tu queja dentro de 60 días calendario. La fecha límite para presentar una queja estatal es de un año desde el momento en que te enteras de una infracción.

Nunca supongas que tu DOE tendrá acceso a las pruebas de las alegaciones de tu queja. Debes enviar pruebas de todas las violaciones que estás reclamando. Puedes seguir enviando pruebas y evidencias al estado hasta que el investigador termine su informe.

Puedes obtener más información sobre este tema consultando los informes de investigación de quejas estatales. Muchos DOE estatales los publican en sus sitios web.

Una queja estatal no es lo mismo que una queja de debido proceso. Las quejas estatales generalmente —pero no siempre— involucran violaciones sistémicas de la ley que afectan a más de un niño. El propósito de una queja de debido proceso es resolver una disputa sobre un niño específico.

Puedes presentar una queja de debido proceso si tú y la escuela no están de acuerdo sobre la identificación, elegibilidad, evaluaciones educativas, servicios de educación especial, colocación o si la escuela está proporcionando a tu hijo una FAPE.

Puedes presentar tanto una queja estatal como una queja de debido proceso. Sin embargo, tu DOE no investigará la queja estatal hasta después de haber terminado tu audiencia. Esto es cierto incluso si presentas la queja estatal antes de presentar una queja de debido proceso.

Puedes aprender más sobre este tema en 34 C.F.R. §§300.140, 300.151, 300.152, 300.153, 300.504(c)(5) y formularios de queja modelo en la sección §300.509 y en el *Comentario*, FR, vol. 71, nro. 156, en 46693 (2006).

Quejas de derechos civiles

La Oficina de Derechos Civiles (OCR) investiga las quejas de discriminación por discapacidad. Presentar una queja ante la OCR es similar a presentar una queja estatal. Los plazos para presentar una queja ante la OCR pueden ser diferentes.

Debes presentar una queja ante la OCR dentro de 180 días calendario desde la fecha de la última acción discriminatoria.

Bajo ciertas condiciones, puedes pedirle a la OCR que tome medidas para "extender" o retrasar los plazos". Si la OCR acepta hacerlo, deja de lado el plazo de prescripción de 180 días durante su investigación. Un ejemplo de cuándo podrías pedirle a la OCR que prorrogue una fecha límite es si tu escuela continúa violando tus derechos o los de tu hijo más allá de la fecha límite de 180 días.

Puedes presentar una queja ante la OCR por discriminación por discapacidad que afecta a un niño o a un grupo de niños. Es importante tener en cuenta que cuando la OCR investiga, compara el tratamiento de un niño con discapacidad con el tratamiento de *niños sin discapacidad.*

En otras palabras, para tener éxito, tu queja debe alegar que un niño con cierta discapacidad recibe un trato diferente al que se da a un niño sin discapacidad en la misma situación. Un ejemplo de esto es cuando los niños con discapacidades tienen que hacer un trayecto en autobús significativamente más largo de ida y vuelta a la escuela que los niños sin discapacidad.

El sitio web de la OCR publica informes de investigaciones de quejas bajo el tema *Sala de lectura*. El *Apéndice* incluye un enlace a este tema.

Leer estos informes puede ayudarte a comprender mejor cómo la OCR investiga las quejas y ayudar a presentar una queja que obtenga un mejor resultado.

También puedes encontrar útil el *Manual de procesamiento de casos de la OCR*. Este Manual detalla cómo investiga la OCR las quejas. El *Apéndice* incluye un enlace al manual.

Asegúrate de presentar las quejas ante la OCR en la oficina regional correcta. Si envías una queja a la oficina incorrecta o a la oficina de Washington D. C., puede causar un retraso en la investigación. El *Apéndice* incluye una lista de las oficinas regionales de la OCR.

Quejas FERPA

Tienes derecho a presentar una queja si crees que tu escuela violó la FERPA. Estas quejas se presentan ante la Oficina de Política de

Privacidad Estudiantil (SPPO). Si tu hijo tiene al menos 18 años, puede presentar una queja en su propio nombre.

Debes presentar una queja FERPA dentro de los 180 días a partir del momento en que te enteres de una infracción. Si las violaciones de la FERPA de tu escuela son continuas, puedes solicitar una prórroga de la fecha límite.

Cuando presentes una queja FERPA por escrito, debes incluir cualquier hecho que pruebe la violación. Incluye copias de esta prueba escrita con tu queja.

Puedes presentar una queja FERPA en línea o enviar una por correo a la Oficina de Política de Privacidad Estudiantil del Departamento de Educación de EE. UU., 400 Maryland Av. SW, Washington, D. C. 20202-8520.

Puedes obtener más información sobre este tema en 34 C.F.R. §§99.63 - 99.67.

Si recuerdas una sola cosa de esta lección, por favor, recuerda que tienes cuatro derechos: (a) ser un miembro igualitario del equipo; (b) proporcionar a la escuela información sobre tu hijo; (c) discrepar; y (d) a un debido proceso.

Los niños son como el cemento húmedo. Todo lo que cae sobre ellos deja una impresión (Haim Ginott).

Lección cuatro
Child Find, remisiones y RTI

Child Find

¿Qué debes hacer para obtener educación especial para tu hijo? Como aprendiste en la Lección uno, no deberías tener que hacer nada, debido a la provisión de *Child Find* de IDEA.

Bajo *Child Find*, las escuelas tienen el deber de encontrar, evaluar e identificar a todos los niños con discapacidades que viven dentro de su distrito. Esto incluye a niños que se trasladan con frecuencia, migrantes, sin hogar, educados en casa o que asisten a escuelas privadas y religiosas.

Lamentablemente, con demasiada frecuencia, debes ayudar a la escuela a "encontrar" a tu hijo. Saber cómo "remitir" a tu hijo significa que es menos probable que se pierda en el sistema. Retrasar los servicios de educación especial podría perjudicar a tu hijo.

El primer paso que puedes tomar para ayudar a tu escuela a "encontrar" a tu hijo es comprender el proceso de remisión. Esta sección te enseñará cómo “remitir” a tu hijo para una “evaluación inicial”.

Los niños con discapacidades que reciben educación especial temprana tienen mejores resultados educativos. ¡Es fundamental que los servicios de instrucción especial comiencen para tu hijo lo antes posible!

No te sientas culpable si escuchas declaraciones como: “¡Deberías habernos dicho que tu hijo necesita educación especial!”, “¿le has preguntado al médico de tu hijo si los medicamentos ayudarán?”, “¡no podemos ayudar a tu hijo hasta que controles sus comportamientos!”.

Tu escuela no debería culpar a tu hijo diciéndole: “Tienes que esforzarte más”, “eres perezoso y estás desmotivado”, “tienes que aprender a controlar tu comportamiento”.

Tu escuela tampoco debería hacerte sentir culpable.

Ni tú ni tu hijo causaron la discapacidad. No es tu deber notificar a tu escuela sobre la discapacidad de tu hijo. Es el deber de tu escuela “encontrar” a todos los niños con discapacidades.

El personal de la escuela de tu hijo debería ser el primero en notar si tu hijo tiene dificultades o no logra progresar. Después de todo, se consideran a sí mismos los expertos en educación.

☞ Tu escuela tiene el deber de encontrar y abordar los primeros signos de problemas de aprendizaje. Adoptar un enfoque de “esperar y ver”, no es apropiado y podría violar el mandato de *Child Find* de IDEA.

No aceptes afirmaciones como: “Sí. ¡Tu hijo está luchando, pero hay otros en la clase que están peor!”. ¡El problema no se trata de otros niños; *se trata de tu hijo!*

¿Cómo te sentirías si llevaras a tu hijo al médico solo para escucharlo decir: “sí, tu hijo tiene cáncer, pero tengo otros pacientes con cáncer que están peor"? ¡No permitas que tu escuela desestime tus preocupaciones tan fácilmente!

Puedes aprender más al respecto en 34 C.F.R. §§300.111 y 300.131 y en el *Comentario*, FR, vol. 71, nro. 156 en 46541 - 46542, 46546, 46584, 46589 - 46593, 46597, 46600, 46632, 46636 - 46637, 46647, 46727, 46730, 46736 (2006).

La evaluación inicial

El primer paso en el proceso de educación especial es la "remisión". Una vez que alguien remite a tu hijo para una evaluación, la escuela debe realizar una evaluación inicial. "Remisión" no es lo mismo que *"Child Find"*.

Cualquiera puede remitir un caso a *Child Find*, pero, a menos que la ley de tu estado diga lo contrario, solo tú o una agencia pública (generalmente tu escuela) pueden remitir a tu hijo para una evaluación inicial.

Una "agencia pública" no incluye a un empleado, como un maestro o proveedor de servicios relacionados, *a menos que estén actuando en nombre de la agencia pública.*

Una vez que tu escuela recibe una remisión por escrito *y tu consentimiento*, debe evaluar a tu hijo dentro de los 60 días.

☞ Recuerda: el plazo no comienza hasta que un funcionario de tu escuela reciba la referencia por escrito *y tu consentimiento por escrito.*

La IDEA no requiere que uses un formulario de consentimiento específico.

Puedes escribir una carta o enviar un correo electrónico o un mensaje de texto para remitir a tu hijo para una evaluación inicial. Asegúrate de que cualquier formato que uses incluya la fecha, tu firma y una declaración en la que des permiso a tu escuela para evaluar a tu hijo.

☞ Recuerda: guarda una copia de la remisión para tus propios registros.

Puedes aprender más

sobre las referencias en 34 C.F.R. §300.301(b) y en el *Comentario*, FR, vol. 71, nro. 156 en 46636 (2006).

Tu escuela debe informarte por escrito si va a evaluar o no a tu hijo. Si se niega, debe enviarte una notificación por escrito informándote que no evaluará a tu hijo. Si acepta evaluar a tu hijo, la notificación debe decir qué tipo de pruebas aplicará.

Puedes aprender más sobre los requisitos de notificación en 34 C.F.R. §§300.304 y 300.503(b) y en el *Comentario* en FR, vol. 71, nro. 156, 46636 (2006).

¿Qué sucede si la escuela quiere evaluar a tu hijo y tú no estás de acuerdo en que tu hijo necesita ser evaluado? No tienes que estar de acuerdo con la evaluación. Si te niegas a dar tu consentimiento, tu escuela puede solicitar una audiencia.

Si la escuela solicita una audiencia, generalmente le pedirá al oficial de audiencia independiente (IHO) o al juez de derecho administrativo (ALJ) que ordene la evaluación.

Si el IHO o ALJ ordenan la evaluación, la escuela no necesita tu consentimiento. Puede realizar pruebas a tu hijo basándose en la orden del OHI o del ALJ. En ese caso, tu escuela puede realizar la prueba sin tu consentimiento. Puedes apelar esta decisión. Aprenderás más sobre audiencias y apelaciones en la Lección once.

Antes de decir no a las pruebas, es posible que desees reunirse con tu escuela para ver por qué cree que tu hijo podría beneficiarse de una evaluación. Eso te dará la oportunidad de hacer cualquier pregunta que tengas sobre las pruebas.

Aprenderás más sobre evaluaciones y reevaluaciones, incluida la evaluación inicial en la Lección cinco.

El informe de evaluación

Tu escuela debe entregarte una copia gratuita del informe

de evaluación. La ley de tu estado o tu NOPS te indicarán qué tan pronto tu escuela debe entregarte el informe.

El informe de evaluación de la escuela debe estar escrito con claridad para que todos puedan comprender los resultados de las pruebas. El informe debe explicar cómo aprende tu hijo y qué tipo de instrucción debería funcionar mejor.

El informe debe explicar las fortalezas, debilidades, habilidades y logros de tu hijo. Debe describir cómo la discapacidad de tu hijo afecta su rendimiento educativo.

☞ Un informe de evaluación debe indicar qué necesita tu hijo, incluso si esas necesidades no están vinculadas a la "etiqueta" o categoría de discapacidad dada por tu escuela.

El maestro de tu hijo debería poder revisar un informe de evaluación y saber qué tipo de instrucción necesita tu hijo y cómo enseñarle. El informe también debería sugerir cuáles son las necesidades de tu hijo con respecto a la educación especial, los servicios relacionados, apoyos y adaptaciones.

El informe también debería indicar si tu hijo parece tener una discapacidad y si necesita educación especial y servicios relacionados. El equipo del IEP tiene la última palabra sobre si tu hijo es elegible y qué servicios necesita.

☞ Recuerda: ¡Tú eres un miembro pleno del equipo del IEP y tienes igual voz en estas decisiones!

Si el equipo del IEP considera a tu hijo elegible para recibir educación especial y servicios relacionados, el informe de evaluación debe incluir información para ayudar al equipo a escribir un IEP apropiado.

Si no estás de acuerdo con la evaluación, puedes solicitar una evaluación educativa independiente (IEE) a costa de la escuela. Aprenderás más sobre las IEE en la Lección cinco.

Puedes aprender más s obre esto en 34 C.F.R. §§300.301(c)(2), 300.306(a)(1), 300.321 y en el *Comentario*, FR, vol. 71, nro. 156, 46643, 46645, 46660, 46678 (2006).

Reunión de elegibilidad

Cuando la escuela termine de evaluar a tu hijo, te invitará a una reunión de elegibilidad para discutir los resultados de las pruebas. Debe asistir alguien que pueda explicar los resultados de las pruebas, las implicaciones de instrucción y responder a cualquier pregunta que tengas sobre la evaluación, elegibilidad, educación especial y los servicios relacionados.

Tú y los demás miembros del equipo discutirán los datos de la evaluación y cualquier otra información disponible, incluida la información que proporciones al equipo.

☞ Recuerda: tienes derecho a proporcionar información sobre tu hijo al equipo del IEP.

Tú y los demás miembros del equipo determinarán si tu hijo tiene una discapacidad y, de ser así, si impacta negativamente en su educación y si requiere educación especial y servicios relacionados. De ser así, tú y el equipo elegirán una categoría de discapacidad apropiada.

☞ Recuerda: La "etiqueta" de tu hijo no determina los servicios que debe recibir.

El IEP, el programa, los servicios y la ubicación de tu hijo se basan en sus necesidades y no en la categoría de discapacidad que elige el equipo.

Los propósitos de las categorías de discapacidad son contar la cantidad de niños con las diferentes categorías de discapacidad y garantizar que tu escuela reciba un nivel apropiado de fondos para la educación especial.

Si no estás de acuerdo con la decisión de elegibilidad del equipo, puedes solicitar mediación o una audiencia de debido proceso. Aprenderás más sobre las categorías de elegibilidad en la Lección seis, y sobre mediación y audiencias de debido proceso en la Lección once.

Puedes aprender más sobre esto en 34 C.F.R. §§300.305, la elegibilidad en §300.306 y en el *Comentario* en FR, vol. 71, nro. 156 46543 - 46545, 46549, 46636 (2006), y sobre las categorías de discapacidad en 34 C.F.R. §§300.8, y en el *Comentario*, FR, vol. 71, nro. 156, 46548 - 46551, 46582, 46655, 46659 - 46660 (2006).

El IEP de tu hijo debe entrar en vigor lo antes posible después de que sea elegible. Algunas escuelas comienzan a redactar un IEP en la misma reunión después de encontrar a un niño elegible. Otras escuelas programarán otra reunión.

☞Recuerda: Un IEP debe ser escrito e implementado lo antes posible después de que el equipo encuentre a tu hijo elegible.

En cualquier caso, el IEP de tu hijo debe entrar en vigor dentro de los 30 días a partir del día en que el equipo encuentre a tu hijo elegible y los servicios del IEP deben comenzar tan pronto como el equipo termine el IEP.

☞ Recuerda: El IEP de tu hijo debe abordar *todas* sus necesidades, ya sea que esas necesidades estén o no relacionadas o vinculadas con su categoría de discapacidad asignada.

Aprenderás más sobre el IEP y el equipo del IEP en la Lección siete.

También puedes aprender más sobre el IEP en 34 C.F.R. §§300.320, 300.323(c) y en el *Comentario*, FR, vol. 71, nro. 156, 46661, 46680 (2006).

Respuesta a la intervención

En 2004, el Congreso agregó la Respuesta a la Intervención (RtI) a la IDEA. Uno de los propósitos del RtI era evaluar a los niños de los que se sospecha que tienen una discapacidad específica de aprendizaje (SLD) y asegurarse de que las escuelas no identificaran excesivamente a los niños con esta etiqueta.

El Congreso también pensó que el rendimiento académico y el comportamiento de un niño podrían mejorar si las escuelas identificaban las SLD más temprano.

Las escuelas *pueden* usar el RtI como parte del proceso de evaluación, pero la IDEA no *requiere* que tu hijo esté en un programa de RtI antes de que pueda ser evaluado para educación especial. Si alguien te dice que el RtI es obligatorio, ¡eso no es cierto!

La IDEA prohíbe específicamente que tu escuela utilice el RtI para retrasar o negar una evaluación. De hecho, cuando el Congreso agregó el RtI a la IDEA, dijo que este puede ser utilizado como *parte del proceso de evaluación.*

¡Tu escuela puede evaluar a tu hijo al mismo tiempo que está recibiendo servicios en un programa de RtI! El seguimiento de datos del RtI puede agregar información valiosa al proceso de evaluación.

Si el progreso académico de tu hijo mejora después de recibir los servicios de RtI que proporcionan intervenciones científicas basadas en la investigación, es posible que no necesite educación especial.

Si tu hijo no progresa en un programa de RtI, tu escuela debe solicitar *inmediatamente* tu consentimiento para realizar una evaluación inicial. *¡Esto no siempre sucede!*

No permitas que tu escuela continúe con los servicios de RtI si tu hijo no logra progresar. Haz una solicitud por escrito para una evaluación de educación especial. Con demasiada frecuencia, las escuelas dejan que seas *tú* quien remita a tu hijo.

El Congreso pretendía que las escuelas utilizaran el RtI como intervención solo para niños de quienes se *sospecha que tienen* discapacidad específica de aprendizaje. Sin embargo, muchas escuelas ahora quieren colocar a estudiantes con *cualquier* tipo de discapacidad sospechada en el RtI.

☞ Recuerda: el RtI es voluntario. No estás obligado a aceptar que tu hijo sea colocado en un RtI.

Tu escuela puede tardar hasta 60 *días escolares* en evaluar a tu hijo. Algunos estados tienen un plazo más corto (consulta tus NOPS). *Cualquier día en el que la escuela no esté en clases, no cuenta dentro de esos 60 días.*

Dependiendo del calendario de tu escuela, puede tomar casi un semestre desde la remisión hasta la implementación de los servicios del IEP. *¡Eso es mucho tiempo para que tu hijo espere por servicios!*

Mientras tanto, el RtI es una vía para que tu hijo reciba *algunos* servicios durante el proceso de evaluación, incluso si no son *servicios de educación especial.*

Si consideras cuánto tiempo lleva evaluar y determinar si tu hijo es elegible, es posible que quieras aceptar los servicios del RtI para tu hijo.

☞ No digas inmediatamente "NO" al RtI si tu escuela te lo sugiere.

Si has solicitado una evaluación y aceptas colocar a tu hijo en un programa de RtI, asegúrate de informar a tu escuela *por escrito* que no renuncias al plazo de evaluación de 60 días al aceptar el RtI.

Puedes obtener más información al respecto en 34 C.F.R. §§300.307(a)(2), 300.309(a)(2)(i), 300.309(c)(1), y 300.311(a)(7) y en el *Comentario*, FR vol. 71, nro. 156, 46543, 46646 - 46647, 46648 (2006).

Prohibición de la medicación forzada

Si tu escuela dice que no evaluará ni colocará a tu hijo en educación especial a menos que le administres algún tipo de medicación, ¡NO CREAS ESTO! ¡Simplemente no es verdad! ¡La IDEA prohibió la medicación forzada en 2004!

Depende de ti y del médico de tu hijo decidir si la medicación es necesaria.

Puedes obtener más información sobre la prohibición de la medicación forzada en 34 C.F.R. §300.174 y en el *Comentario*, FR vol. 71, nro. 156, 46622 (2006).

Si recuerdas solo una cosa de esta lección, por favor, recuerda esto: aunque la escuela es responsable de "encontrar" a tu hijo, es posible que debas hacer una remisión de evaluación inicial por escrito.

"Las posibilidades potenciales de cualquier niño son las más intrigantes y estimulantes de toda la creación" (Ray L. Wilbur, tercer presidente de la Universidad de Stanford).

Lección cinco
Evaluaciones y reevaluaciones

Aprender sobre las pruebas

Si quieres ser el mejor defensor para tu hijo, es fundamental que aprendas tanto como sea posible sobre las pruebas y puntuaciones. ¡Es tan importante —si no más importante— que domines este tema como que comprendas la ley!

No necesitas una educación universitaria para entender lo que significan las pruebas y mediciones. No es ciencia espacial.

Muchos padres como tú se han convertido en expertos en pruebas, mediciones y puntuaciones. Una vez que comprendas este tema, es posible que seas la única persona sentada en la mesa del IEP (además de un psicólogo escolar) que entienda lo que significan las pruebas y puntuaciones. ¡Con un poco de estudio y práctica, tú también puedes ser un experto!

Solo cuando entiendes las pruebas, mediciones y puntuaciones, podrás ayudar al equipo del IEP a redactar un IEP apropiado para tu hijo.

El *Apéndice* incluye recursos para ayudarte a comprender mejor las pruebas y los informes de evaluación de tu hijo.

La evaluación inicial

Como aprendiste en una previa lección, la primera vez que la escuela evalúa a tu hijo, debe realizar una evaluación completa, integral e individual (FIE).

Esto significa que la escuela *debe* evaluar a tu hijo en un entorno uno a uno y debe evaluarlo en *todas las áreas de discapacidad sospechada.*

A menos que tu estado tenga una fecha límite diferente, tu escuela debe completar la evaluación inicial de tu hijo dentro de los 60 días *a partir del momento en el que des tu consentimiento por escrito.*

Puedes encontrar la fecha límite de evaluación inicial de tu estado en tu NOPS o puedes llamar al DOE de tu estado.

Tu escuela debe usar una variedad de herramientas y estrategias al evaluar a tu hijo. No puede utilizar solo un test. La ley estatal puede incluir información sobre la cantidad y tipos de test que la escuela debe utilizar al evaluar a tu hijo.

La escuela puede aplicarle a tu hijo *más* test de los requeridos por tu estado. Pero debe, *al menos,* evaluar a tu hijo en todas las áreas requeridas por tu estado. Por ejemplo: si la ley de tu estado requiere una prueba de rendimiento individual, tu escuela puede aplicar dos o más. No puede dejar de lado una prueba de rendimiento en su evaluación.

Usar varias pruebas diferentes proporciona al evaluador información más precisa sobre tu hijo. El equipo del IEP también tendrá mejor información al examinar la elegibilidad y redactar el IEP de tu hijo.

El evaluador podría descubrir que necesita utilizar una variedad de pruebas para evaluar a tu hijo. Las pruebas en áreas de procesamiento sensorial, memoria, habilidades motoras gruesas y finas, comportamiento adaptativo, habilidades posteriores a la escuela, procesamiento ejecutivo y procesamiento auditivo pueden ser necesarias para una evaluación completa.

Casi siempre, tu hijo necesitará pruebas en el área de rendimiento académico. Algunos estados también exigen test de cociente intelectual (IQ).

Tu estado puede requerir una evaluación funcional de la conducta (FBA) como parte de una evaluación para algunas categorías de discapacidad. Aprenderás más acerca de la FBA en la Lección diez.

☞ Al evaluar a tu hijo, el evaluador debe elegir y utilizar pruebas técnicamente sólidas, imparciales, objetivas, válidas, confiables y justas.

Una prueba *válida* mide lo que se supone que debe medir. Una prueba *confiable* arroja resultados similares cada vez que se realiza. Una prueba *justa* no está sesgada contra ningún grupo, raza o cultura en particular.

El evaluador debe evaluar a tu hijo en el mismo idioma y modo de comunicación que utilizas en casa. El evaluador también debe tener fluidez en ese idioma. Solo como último recurso tu escuela debería utilizar un intérprete.

☞ Recuerda: las pruebas deben medir lo que los niños pueden hacer, no lo que no pueden hacer.

El evaluador podría necesitar utilizar pruebas especiales para tu hijo si es ciego, sordo o si tiene problemas de habla, lenguaje, sensoriales, de motricidad fina o debilidades cognitivas.

Las pruebas especializadas deben ser utilizadas si la discapacidad de tu hijo podría interferir o influenciar en la evaluación.

Los evaluadores tienen diferentes formas de administrar las pruebas para acomodarse a las discapacidades específicas de tu hijo que no invalidarán los resultados. Las pruebas deben ser elegidas con cuidado para garantizar estimaciones justas y válidas de las habilidades y logros de tu hijo.

Si un evaluador necesita aplicar una administración "no estándar" de una prueba, su informe debe explicar por qué se hizo esto y qué efecto tuvo la administración, si lo hubo, sobre los resultados de la prueba.

Las evaluaciones deben comparar los conocimientos y habilidades de tu hijo con los de otros *niños de la misma edad*. Esto incluye las habilidades funcionales que tu hijo necesita para tener éxito en la escuela y en el mundo real fuera del aula escolar.

La evaluación inicial puede encontrar que tu hijo tiene más de una discapacidad. Por ejemplo, tu hijo puede tener tanto una discapacidad específica de aprendizaje como trastorno por déficit de atención.

Una sola discapacidad puede tener un impacto negativo en muchas áreas académicas y funcionales. Si tu hijo tiene problemas para leer, escribir, deletrear o aprender aritmética, estos serán desafíos en todas las asignaturas escolares que requieran esas habilidades.

Si los puntajes de las pruebas o subpruebas muestran una debilidad, estas áreas deben ser abordadas con pruebas específicas. Indagar en estas áreas puede ayudar a explicar por qué tu hijo no está progresando adecuadamente.

☞En general, cuanta más información de evaluación tenga un equipo del IEP, mejor será el IEP.

Puedes obtener más información al respecto en 34 C.F.R. §§300.301 y elegibilidad en 300.306 y en el *Comentario*, FR, vol. 71, nro. 156, 46543, 46567, 46584, 46592, 46630 - 46632, 46635, 46637, 46643, 46750 (2006).

Evaluación de habilidad (IQ)

Algunas personas pueden advertirte que no permitas que la escuela pruebe el IQ de tu hijo. Podrían decirte que los maestros de tu hijo podrían disminuir sus expectativas si la puntuación del IQ de tu hijo está por debajo del promedio.

En 2017, la Corte Suprema de EE. UU. Dictaminó que todos los niños bajo educación especial tienen derecho a un programa educativo "adecuadamente ambicioso", y se les debe dar la oportunidad de cumplir con "objetivos desafiantes".

El caso *Endrew F.* confirma el deseo de la Corte Suprema de mejorar los resultados académicos de todos los niños con discapacidades. No debes temer que un puntaje de IQ permita a tu escuela bajar la barra académica para tu hijo (*Endrew F. contra el Distrito Escolar del Condado de Douglas*, Re-1, 137 S. Ct. 988 [2017]).

Testear el IQ a menudo es útil. Puede explicar por qué tu hijo aprende mejor de una manera que de otra, lo que ayuda a su maestro a saber el tipo de instrucción que debe usar para enseñarle.

Algunos estados no requieren pruebas de IQ en absoluto. Otros hacen que los evaluadores la usen solo para discapacidades específicas. Incluso si tu estado no *requiere* pruebas de IQ, puedes solicitar que se incluya una en la evaluación de tu hijo.

Las escuelas suelen utilizar la escala de inteligencia de Wechsler para niños, 5ª Edición (WISC-V). Otras pruebas de IQ incluyen la Escala de habilidades diferenciales, 2ª Edición (DAS-II), y las Pruebas de habilidades cognitivas Woodcock-Johnson, 3ª Edición (W-J III COG). Todos estos test de IQ dependen en cierta medida de las habilidades verbales.

Si tu hijo tiene debilidades verbales, problemas de habla o lenguaje o dislexia, es posible que quieras pedirle al evaluador que considere usar una prueba de IQ no verbal. Esto ayuda a garantizar que las pruebas de IQ no den resultados inexactos porque la prueba se basa en las habilidades verbales de tu hijo.

Algunos niños parecen obtener puntajes bajos en las pruebas de IQ cuando su nivel de habilidad en realidad es más alto. Esto puede suceder si se usa el test de IQ incorrecto, lo que hace que los puntajes de habilidad del niño sean "artificialmente deprimidos" por la discapacidad.

Si sospechas esto, puedes pedir al evaluador que confirme los resultados de la primera prueba con un tipo diferente de prueba de IQ. Un puntaje inexacto de IQ no es información útil.

Si el evaluador cree que un puntaje de IQ para tu hijo es inexacto, debe indicarlo en su informe y explicar por qué cree esto.

Comparar los puntajes de IQ y de rendimiento puede ayudar a determinar si tu hijo tiene una discapacidad específica de aprendizaje. En general, los puntajes de rendimiento de tu hijo deben coincidir estrechamente con sus puntajes de habilidad (IQ).

Si los puntajes de rendimiento de tu hijo son considerablemente más bajos que sus puntajes de IQ, esto podría ser un signo de una discapacidad específica de aprendizaje.

Cuando los puntajes de rendimiento son más *altos* que los puntajes de IQ, también podría significar que las expectativas académicas se establecieron demasiado bajas para tu hijo. Esto significa que tu hijo no tiene la oportunidad de alcanzar los "objetivos desafiantes" requeridos por la decisión "Endrew F.". También podría significar que la prueba de IQ no midió con precisión sus habilidades.

Los resultados de las pruebas pueden mostrar "dispersión". Dispersión significa que hay grandes diferencias entre los puntajes de las subpruebas.

Los puntajes de las subpruebas, generalmente, se agrupan dentro de unos pocos puntos entre sí. Cuando observes el informe de evaluación, no deberías ver un patrón amplio de puntajes.

Mira los puntajes en la columna izquierda de la Tabla 2 a continuación. Compáralos con los puntajes de la columna derecha. Así es como se ve la dispersión. La primera columna muestra puntajes que se agrupan muy cerca entre sí. También nota las brechas amplias entre los puntajes en la segunda columna, otro ejemplo de "dispersión". La dispersión puede ocurrir en pruebas de IQ o de rendimiento.

La dispersión puede significar varias cosas diferentes. Esa es una discusión más allá del alcance de esta lección. Lo importante es que aprendas a notar diferencias inusuales en los puntajes de las subpruebas. Cuando veas esas diferencias en los puntajes, asegúrate de pedir una explicación del motivo de la dispersión.

Tabla 2

Puntajes de las subpruebas de rendimiento

Puntajes de las subpruebas de rendimiento de Woodcock-Johnson IV **Rango promedio: 90-110**		
Patrón típico	Patrón que muestra dispersión	
Identificación de letras y palabras	96	90
Comprensión de pasajes	95	72
Ataque de palabras	100	70
Lectura oral	102	75

Puntajes de las subpruebas de rendimiento de Woodcock-Johnson IV Rango promedio: 90–110 (Tabla 1. Continuación)		
Patrón típico	Patrón que muestra dispersión	
Fluidez en la lectura de oraciones	97	80
Problema aplicado	98	102
Cálculo	103	117
Ortografía	97	77

Pruebas de rendimiento

La mayoría de los estados, si no todos, requieren que las evaluaciones incluyan pruebas de rendimiento . Estas pruebas ayudan a que tu equipo del IEP decida la elegibilidad para educación especial.

Las pruebas de rendimiento miden el conocimiento general en materias específicas de niveles de habilidad, como lectura, escritura, ortografía, lenguaje escrito y matemáticas. Algunas pruebas también miden el logro de tu hijo en estudios sociales, ciencias y humanidades.

Algunas de las pruebas de rendimiento comúnmente utilizadas incluyen la prueba de logros individuales de Wechsler (Wechsler Individual Achievement Test [WIAT]), las pruebas de Rendimiento Woodcock-Johnson IV (WJ-IV) y la prueba Kaufman de logro educativo (KTEA-3).

Ninguna prueba de rendimiento está diseñada para medir todos los aspectos de un área académica. La persona que evalúe a tu hijo debe incluir pruebas que se enfoquen en áreas específicas.

Por ejemplo, una evaluación completa de lectura incluiría, *como mínimo*, vocabulario, comprensión lectora, fluidez lectora, fonética y conciencia fonémica.

Una evaluación integral de matemáticas incluiría cálculo, sentido numérico, resolución de problemas, razonamiento y cualquier otra área necesaria.

Dado que ninguna prueba mide todas estas áreas, una evaluación integral incluirá cualquier prueba específica adicional que el evaluador considere que mostrará el rendimiento de tu hijo.

Recuerda que es importante que las evaluaciones de tu hijo incluyan pruebas de rendimiento completas. Tener éxito en la escuela significa que tu hijo debe tener buenas habilidades de lectura, escritura y comunicación.

Una evaluación completa explica el tipo de problemas que tiene tu hijo y, a menudo, explica por qué tiene dificultades con las habilidades académicas y funcionales. La evaluación también debe explicar las áreas de fortaleza de tu hijo.

Las reevaluaciones siempre deben incluir pruebas de rendimiento para que el equipo del IEP pueda ver si tu hijo está progresando académicamente de manera adecuada.

☞ El evaluador debe elegir las mismas pruebas para las reevaluaciones que se utilizaron en la evaluación inicial. Usar una prueba diferente dificulta ver si tu hijo está progresando.

Las evaluaciones pueden mostrar puntuaciones de maneras diferentes. Puedes ver los resultados reportados con puntuaciones estándar (SS), puntuaciones escaladas (ss), puntuaciones T (TS), rangos percentiles (PR), equivalentes de edad (AE o cronológicos) o equivalentes de grado (GE).

Las puntuaciones estándar son las medidas de rendimiento más confiables. Sin embargo, a la mayoría de las personas les resulta más fácil entender los rangos percentiles. Es fácil malinterpretar las puntuaciones de edad y nivel de grado y términos vagos como "debajo del promedio", "promedio" y "por encima del promedio".

☞ Recuerda que los problemas de lectura, escritura y vocabulario afectan casi todas las áreas académicas. El éxito escolar depende de la capacidad que tiene tu hijo para leer, escribir y tener buenas habilidades de comunicación oral y escrita.

Las evaluaciones escolares deben incluir pruebas de rendimiento. El equipo del IEP utiliza las puntuaciones de las pruebas de rendimiento para ver si tu hijo es elegible para educación especial. Para las reevaluaciones, la información te indica a ti y al equipo si tu hijo está haciendo progresos académicos.

Ten cuidado al observar los resultados de las pruebas que utilizan términos vagos. Es posible que "promedio" no signifique lo que tú crees. Mira la Curva de campana en la Figura 1. ¿Puedes ver que "promedio" (85-115) es un rango extremadamente amplio de puntuaciones?

Figura 1

Curva de Bell

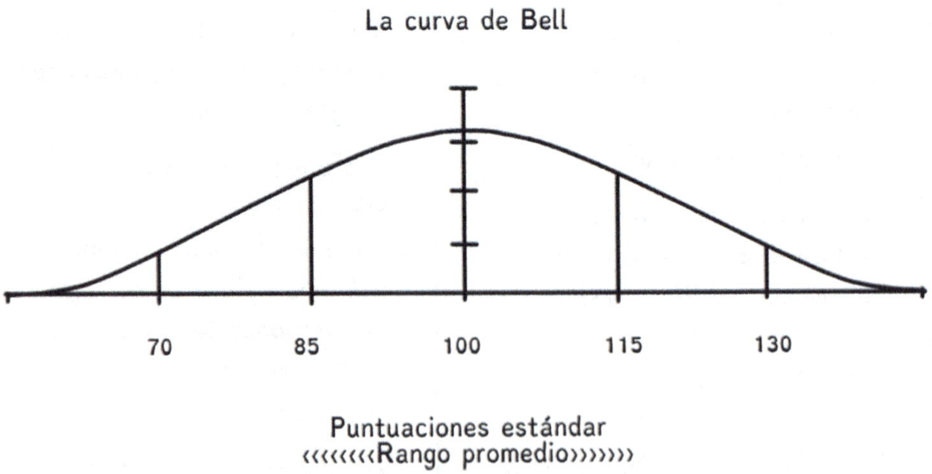

Muchas escuelas utilizan pruebas de rendimiento grupal para evaluar a todos los estudiantes. Algunas pruebas grupales comúnmente utilizadas son la NWEA, el California Achievement Test (Prueba de aprovechamiento de California [CAT]) y el Iowa Test of Basic Skills (Prueba de habilidades básicas de Iowa [ITBS]). Estas pruebas pueden mostrar puntajes como "GE" o "AE" en lugar de "SS".

Los puntajes de pruebas de rendimiento grupal pueden proporcionar información adicional sobre cómo se desempeña tu hijo. El equipo del IEP nunca debe utilizar los resultados de pruebas de rendimiento grupal como base para tomar decisiones de elegibilidad o colocación porque no se administran individualmente.

Las pruebas más confiables se realizan individualmente a tu hijo. Por eso la IDEA dice que tu escuela debe realizar una evaluación individual completa (FIE).

Puedes obtener más información al respecto en 34 C.F.R. §§300.301, 300.302, 300.303, 300.304, 300.305, 300.309 y en el *Comentario*, FR, vol. 71, nro. 156, 46642-46644, 46651, 46654, 46743, 46746 (2006).

Reevaluaciones

Tu escuela debe reevaluar periódicamente a tu hijo. Las reevaluaciones miden el progreso y determinan si tu hijo sigue siendo elegible para educación especial.

☞ Una reevaluación debe incluir tu aporte y la información parental que brindas.

Si tienes evaluaciones externas o privadas, se supone que tu equipo del IEP debe considerar estos resultados como parte del proceso de evaluación.

Tu escuela debe reevaluar a tu hijo al menos cada tres años, o con mayor frecuencia si es necesario, *a menos que tú y tu escuela acuerden que no es necesario.*

Si tu hijo tiene dificultades,

hace progresos insuficientes o tiene problemas académicos, funcionales o de conducta, tu escuela no tiene que esperar tres años para reevaluar.

Una reevaluación debería indicarte por qué tu hijo sigue teniendo dificultades *en cualquier área* dentro del ambiente escolar. La información actualizada debería indicarte por qué continúan sus problemas.

¿Qué debes hacer si tu escuela dice que tiene suficiente información y no necesita nuevos datos de evaluación? Piensa detenidamente antes de aceptar esto. Hazte estas preguntas:

¿Cuánto tiempo ha pasado desde la última reevaluación de tu hijo?, ¿fue hace más de un año? Si es así, la información debería actualizarse mediante una reevaluación.

El equipo del IEP necesita información "actual" para la sección "Niveles Actuales del Logro Escolar y Rendimiento Funcional del IEP". ¡Por eso se llaman "niveles" actuales! Aprenderás más sobre los niveles actuales en la Lección siete.

Las reevaluaciones también pueden sugerir que tu hijo necesita servicios y apoyos más intensos o diferentes para tener éxito en la escuela.

Sabes que es importante llevar a tu hijo al médico para realizarle controles médicos regulares. Los exámenes regulares ayudan a tu hijo a mantenerse saludable. ¿Esperarías tres años para llevar a tu hijo a un chequeo médico?

Puede ser útil para ti pensar en las reevaluaciones como "chequeos educativos". Cuando se realizan regularmente, las reevaluaciones ayudan a mantener la educación de tu hijo saludable.

Debes dar tu consentimiento por escrito para cada reevaluación, y tu escuela puede limitarlas a una por año. Tú y tu escuela pueden acordar evaluar a tu hijo con más frecuencia que una vez al año.

Tu escuela debe reevaluar a tu hijo antes de poder eliminarlo o "sacarlo" de la educación especial. La excepción a esto es si tu hijo ha obtenido un diploma regular o ha "superado la edad" de la educación especial.

Depende de cada estado decidir a qué edad tu hijo deja de recibir educación especial. Algunas leyes estatales requieren que las escuelas brinden servicios a niños elegibles más allá de la edad máxima de 21 años establecida por la IDEA.

Otros tipos de evaluaciones y reevaluaciones

Las evaluaciones y reevaluaciones no se tratan solo de materias escolares y coeficientes intelectuales.

Esto significa que una evaluación individualizada integral (FIE) puede necesitar analizar las habilidades motoras gruesas y finas, procesamiento sensorial, procesamiento auditivo y habilidades de habla/lenguaje de tu hijo.

Como mínimo, tu hijo debe ser evaluado en las siguientes áreas, si es necesario. *Nota: esta no es una lista completa.*

- Información actual sobre tu hijo.
- Observaciones de maestros y personal.
- Estado social/emocional.
- Logros y rendimiento académico.
- Información actual en el aula.
- Salud, visión, audición.
- Inteligencia/habilidad general.
- Comportamiento, incluyendo comportamiento adaptativo.
- Habilidades motoras.

- Desarrollo de habla/lenguaje.
- Desempeño funcional.
- Estado de desarrollo.
- Capacidad para participar en PE.
- Habilidades sociales.
- Funciones ejecutivas.
- Procesamiento auditivo central.

Tu escuela debe evaluar a tu hijo en cada área de su discapacidad sospechada.

Puedes obtener más información sobre las reevaluaciones en 34 C.F.R. §§ 300.303(b)(2), 300.304(c)(3), 300.305(a)(2)(B), 300.321(a)(5), 300.305(e) y en el *Comentario*, FR, vol. 71, nro. 156, 46593, 46630, 46635, 46640 - 46643, 46648, 46688 46746, (2006).

Evaluaciones independientes

Probablemente eres un buen juez de las fortalezas y desafíos de tu hijo. ¡Si piensas que la evaluación realizada por la escuela no es precisa o integral, probablemente tienes razón!

Tienes derecho a estar en desacuerdo con una evaluación escolar y solicitar una evaluación educativa independiente (IEE) a un evaluador privado a costo de la escuela.

Tu escuela podría preguntarte por qué estás en desacuerdo con su evaluación. No tienes que responder a esta pregunta.

Tu escuela puede negar tu solicitud de una IEE, pero no porque no le digas por qué estás en desacuerdo.

Puedes solicitar una IEE por cada evaluación escolar o reevaluación con la que estés en desacuerdo.

Tu escuela tiene dos opciones cuando solicitas una evaluación educativa independiente: (a) debe pagar por una IEE; (b) debe solicitar una audiencia para demostrar que su evaluación fue apropiada.

El costo de una IEE debe ser razonable. Tu escuela debe poder darte sus criterios de costo si lo solicitas.

Es una buena idea preguntarle a tu escuela cuáles son sus criterios de costos razonables antes de programar la IEE para que no haya "sorpresas".

Si descubres que tu hijo necesita una IEE que cuesta más que los criterios permitidos por tu escuela, tienes derecho a explicarle a tu escuela por qué sus criterios de costo no deberían aplicarse.

Tu escuela también puede tener criterios para evaluadores independientes aceptables. Nuevamente, solicita una copia de esta política *antes* de elegir un evaluador para evitar sorpresas.

Si la persona que eliges para realizar la evaluación educativa independiente no cumple con los criterios de tu escuela, es posible que no tenga que pagar por la IEE.

Si lo solicitas, tu escuela debe brindarte una lista de evaluadores de IEE que cumplen con sus criterios. *No tienes que elegir a alguien de esa lista.* Puedes seleccionar a cualquier evaluador que cumpla con los criterios de la escuela.

☞Recuerda: ¡No tienes que elegir un evaluador de la lista de tu escuela!

Deberías elegir a una persona que no tenga relación o conexión con la escuela de tu hijo. Puedes usar a un neuropsicólogo, un psicólogo o un psicólogo escolar.

Puedes aprender más sobre las IEE en 34 C.F.R. §300.502 y en el *Comentario*, FR, vol. 71, nro. 156, 46690 (2006). Consulta también: OSEP, *Carta a Parker*, 2004.

Evaluaciones privadas

En cualquier momento, puedes optar por pagar una evaluación educativa independiente privada. Sin embargo, las evaluaciones y los evaluadores aún deben cumplir con los criterios de IEE de tu escuela.

Si pagas por una evaluación privada, no tienes que

compartir los resultados de la evaluación privada con tu escuela. Sin embargo, si no compartes los resultados, la evaluación no se considera una IEE.

El equipo del IEP debe considerar los resultados de cualquier evaluación privada que elijas compartir con tu escuela. "Considerar" no es lo mismo que "aceptar".

Puedes aprender más sobre esto en 34 C.F.R. 300.502(c) y en el *Comentario*, FR vol. 71, nro. 156, 46690 (2006).

Evaluaciones y los niveles actuales del IEP

El equipo utiliza los resultados de la evaluación, tus aportes y otra información disponible para desarrollar los niveles actuales de rendimiento académico y funcional del IEP. Aprenderás más sobre los niveles actuales y el IEP en la Lección siete.

Si recuerdas solo una cosa de esta lección, por favor, recuerda esto: es igual de importante que entiendas las pruebas y los puntajes como lo es que conozcas la ley.

La discapacidad es una parte natural de la experiencia humana y de ninguna manera disminuye el derecho de las personas a participar o contribuir a la sociedad. 20 U.S.C. §1400(c).

Lección seis
Elegibilidad y discapacidad

¿Qué es un "niño con discapacidad"?

Una discapacidad, condición o diagnóstico no hace automáticamente que tu hijo sea elegible para educación especial. De hecho, ni siquiera necesita un "diagnóstico" para calificar.

Para ser considerado un "niño con discapacidad" bajo la IDEA, dos cosas deben ser ciertas: (a) tu hijo debe tener una discapacidad que tenga un impacto adverso en la educación; (b) como resultado de esa discapacidad, tu hijo debe necesitar educación especial y servicios relacionados.

En algunos estados, si tu hijo solo necesita servicios relacionados, pero no instrucción especial (educación especial), no será elegible. A cada estado se le permite decidir si un niño que solo necesita servicios relacionados califica para educación especial. El DOE de tu estado o la Ley de Educación Especial de tu estado pueden decirte si esto es cierto en tu estado.

Tu hijo no tiene que reprobar, obtener malas calificaciones o ser retenido para calificar para educación especial. Incluso, si tu hijo obtiene buenas calificaciones y es promovido de grado en grado, aún podría ser elegible.

Puedes aprender más sobre discapacidades y elegibilidad en 34 C.F.R. §§300.8(a)(2), 300.101(c) y en el *Comentario*, FR, vol. 71, nro. 156, 46549, 46580 (2006).

Discapacidades en el marco de la IDEA

La IDEA incluye una lista de categorías de discapacidad y definiciones de estas discapacidades. La ley de tu estado puede tener más detalles sobre las categorías de discapacidad. Echar un vistazo a esto puede ayudarte a comprender si tu hijo podría ser elegible para recibir educación especial.

Autismo

El autismo es una discapacidad del desarrollo. Puede afectar significativamente la comunicación verbal y no verbal, así como la interacción social de un niño. Si tu niño tiene autismo y tiene un impacto adverso en su desempeño educativo, generalmente calificará.

El autismo, generalmente, se nota antes de que un niño tenga tres años. Se caracteriza por comportamientos repetitivos, movimientos estereotipados, respuestas sensoriales inusuales y, en ocasiones, resistencia a cambios en sus rutinas.

Sordoceguera

Se considera que los niños sordos y ciegos tienen discapacidades más severas que si solo tuvieran una u otra de estas discapacidades. A menudo estos niños tienen graves problemas de comunicación. Helen Keller es un ejemplo de una niña con sordoceguera que tenía necesidades significativas, pero logró tener éxito una vez que aprendió a comprender y comunicarse.

Sordera

Una discapacidad auditiva lo suficientemente grave como para afectar la capacidad de un niño para procesar información hablada, generalmente, tiene un impacto adverso en el desempeño educativo. Puede ser una discapacidad calificante, incluso si el niño usa un audífono o un implante coclear.

Trastorno emocional

Un trastorno emocional debe haber existido por un tiempo prolongado y tener un impacto adverso en el desempeño educativo. La escuela debe excluir esa categoría si una discapacidad intelectual o un problema sensorial o de salud causa el problema.

Los niños con discapacidades emocionales a menudo no pueden establecer o mantener relaciones sociales y personales satisfactorias con sus compañeros y maestros. Pueden comportarse inapropiadamente en situaciones normales, sentirse constantemente infelices o deprimidos, o tener síntomas físicos o miedos asociados con problemas personales o escolares.

Deficiencia auditiva (HI)

Un niño con una pérdida auditiva constante y duradera o fluctuante que tenga un impacto adverso en el desempeño educativo puede calificar bajo la categoría de deficiencia auditiva. Esta es una categoría diferente a la sordera.

Discapacidad intelectual

Un niño con un IQ significativamente por debajo del promedio y déficits en el comportamiento adaptativo puede calificar bajo la categoría de discapacidad intelectual, si la discapacidad tiene un impacto adverso en el desempeño educativo.

En general, los padres notan los signos de una discapacidad intelectual durante el periodo de desarrollo de su hijo.

Discapacidades múltiples

Un niño con más de una discapacidad que cause problemas severos puede necesitar recibir una educación más intensa de la que puede recibir en un programa para niños con discapacidades únicas. Si las discapacidades tienen un impacto adverso en el desempeño educativo, un niño puede calificar bajo esta categoría.

Los niños sordos y ciegos generalmente califican bajo la categoría de sordoceguera y no bajo esta.

Impedimento ortopédico

Un niño con un impedimento ortopédico severo que tiene un impacto adverso en el rendimiento educativo puede calificar bajo esta categoría. Ejemplos de impedimentos ortopédicos incluyen, pero no se limitan a, defectos de nacimiento, enfermedades, parálisis cerebral, amputaciones, y fracturas o quemaduras que causan contracturas.

Otro impedimento de salud

Un niño con una discapacidad crónica o aguda que causa limitada fuerza, vitalidad o alerta puede calificar bajo esta categoría. Al igual que con otras categorías, la discapacidad debe tener un impacto adverso en el rendimiento educativo.

Ejemplos incluyen, pero no se limitan a, asma, diabetes, epilepsia, condiciones cardíacas, hemofilia, intoxicación por plomo, leucemia, nefritis, fiebre reumática, anemia de células falciformes y síndrome de Tourette.

Un niño con trastorno por déficit de atención o trastorno por déficit de atención e hiperactividad también puede calificar si la condición tiene un impacto adverso en el rendimiento educativo. Los estímulos visuales y auditivos en el salón de clases pueden distraer tanto a un niño con trastorno por déficit de atención, o trastorno por déficit de atención e hiperactividad, que no pueda concentrarse en la instrucción.

Discapacidad específica de aprendizaje

Una discapacidad específica de aprendizaje (SLD) significa que el cerebro de un niño no puede procesar la información muy bien. Es común que un niño con una discapacidad específica de aprendizaje tenga trastornos comórbidos. Podría tener una discapacidad específica de aprendizaje y trastorno por déficit de atención e hiperactividad o un déficit de procesamiento central. Un niño también puede tener más de una discapacidad específica de aprendizaje.

Una discapacidad de aprendizaje que tiene un impacto adverso en el rendimiento educativo generalmente permitirá a un niño calificar bajo esta categoría.

Las discapacidades específicas de aprendizaje pueden afectar la capacidad de un niño para entender o usar el lenguaje hablado o escrito, o causar problemas relacionados con escuchar, pensar, hablar, leer, escribir, deletrear o hacer aritmética.

Tener una discapacidad específica de aprendizaje no significa que un niño tenga un IQ por debajo del promedio. Muchos niños con discapacidades específicas de aprendizaje son muy inteligentes. Muchos tienen un IQ alto, por encima del promedio o incluso superior.

☞ Una discapacidad específica de aprendizaje no es un impedimento intelectual.

Si tu escuela dice que tu hijo no tiene una discapacidad específica de aprendizaje porque su IQ es demasiado alto, no creas eso. No es cierto.

La clave para determinar si tu hijo tiene una discapacidad específica de aprendizaje no está determinada por un número de IQ. Se basa en una variedad de factores, que incluyen si la discapacidad tiene un impacto adverso en el rendimiento educativo.

Los niños con discapacidades específicas de aprendizaje deben ser identificados temprano y recibir instrucción especializada adecuada. Solo entonces su SLD podrá ser remediada con éxito. Es lamentable que los niños con discapacidades específicas de aprendizaje a menudo sean identificados demasiado tarde.

Si la discapacidad de aprendizaje de tu hijo se identifica tarde, esto evitará que reciba instrucción adecuada. Puede significar que necesitará educación especial por el resto de su carrera escolar pública.

Si tu hijo recibe instrucción especializada adecuada temprano en la escuela primaria, puede cerrar mejor la brecha de aprendizaje que existe entre su persona y sus compañeros típicos.

Se utilizan muchos términos diferentes para describir discapacidades específicas del aprendizaje. Muchos de ellos están muy desactualizados, incluida la discapacidad perceptiva, lesión cerebral, disfunción cerebral mínima o afasia del desarrollo.

La IDEA ha identificado la dislexia como una discapacidad específica de aprendizaje durante casi cincuenta años. Sin embargo, hasta hace unos años, las escuelas se negaban a reconocerla como una discapacidad específica del aprendizaje.

☞ La Ley Pública 94-142 definió la dislexia como una discapacidad específica de aprendizaje en 1975.

Gracias a un esfuerzo masivo de base del movimiento Decoding Dyslexia [Decodificando la dislexia], ahora los estados están obligados a evaluar, identificar y proporcionar instrucción adecuada a los niños con dislexia.

Tu hijo puede no calificar en la categoría de discapacidad específica de aprendizaje si se aplica alguno de los siguientes criterios:

- Su problema es causado principalmente por discapacidades visuales, auditivas o motoras.
- Tiene un deterioro intelectual.
- Tiene un trastorno emocional.
- Nunca se le enseñó o expuso a una materia escolar específica.
- Tiene un problema causado por razones ambientales, culturales o económicas (por ejemplo, el inglés no es su primer idioma).

Estos niños pueden calificar en una categoría diferente. También puede haber ayuda disponible fuera de la educación especial.

Contacta al DOE de tu estado para obtener información sobre otros servicios disponibles para niños que no califiquen en la categoría de SLD por las razones mencionadas anteriormente.

Discapacidad del habla o del lenguaje

Una discapacidad del habla o del lenguaje es un trastorno de comunicación que tiene un impacto adverso en el desempeño educativo. Estas deficiencias pueden incluir tartamudeo, problemas de articulación, afasia e impedimentos del lenguaje o la voz.

Lesión cerebral traumática (TBI)

Una lesión cerebral traumática es una lesión en la cabeza abierta o cerrada causada por *una fuerza física externa*. Una lesión en la cabeza que es resultado de un traumatismo al nacer o de una condición progresiva no es una TBI. Sin embargo, puede ser una discapacidad calificada bajo otra categoría si tiene un impacto adverso en la educación de tu hijo.

Las TBI suelen ser discapacidades graves que causan problemas en muchas áreas. Pueden afectar el IQ (habilidad), el lenguaje, la memoria, la atención, el razonamiento, el pensamiento abstracto, el juicio, la resolución de problemas, las habilidades sensoriales, perceptivas y motoras.

Un niño puede tener una TBI y otra discapacidad coexistente. Al igual que con todas las demás discapacidades, para calificar debe haber un impacto adverso en el rendimiento educativo.

Discapacidad visual

Un niño que está completamente ciego puede calificar en la categoría de discapacidad visual. Un niño no necesita estar ciego para calificar, puede ser elegible si tiene algo de visión o si la discapacidad visual está corregida siempre que haya un impacto adverso en el rendimiento educativo.

Puedes obtener más información sobre este tema en 34 C.F.R.§§300.8, 300.307 y en el *Comentario*, FR, vol. 71, nro. 156, 46548 - 46551, 46645 - 46648 (2006).

Discapacidades en la *Sección 504*

La definición de una discapacidad bajo la *Sección 504* es más amplia y bastante diferente que la definición de una discapacidad en la IDEA.

Si tu hijo tiene un impedimento físico o mentalque limita sustancialmente una o más actividades principales de la vida, tiene antecedentes de un impedimento o se considera que tiene un impedimento, podría calificar bajo la *Sección 504*.

Un impedimento físico o mental es un trastorno o condición fisiológica, desfiguración cosmética o pérdida anatómica que afecta uno o más sistemas del cuerpo.

El impedimento puede ser neurológico o musculoesquelético, puede afectar los órganos especiales de los sentidos; los órganos del habla; al sistema respiratorio, cardiovascular, reproductivo, digestivo, genitourinario, o al sistema hemático y linfático, cutáneo o endocrino.

Un impedimento en la *Sección 504* puede ser un trastorno mental o psicológico, una discapacidad cognitiva, un síndrome cerebral orgánico, una enfermedad emocional o mental, o discapacidades específicas de aprendizaje.

La *Sección 504* define las funciones vitales del cuerpo como las del intestino, vejiga, cerebro, crecimiento celular normal, los sistemas inmunológico, endocrino, respiratorio, reproductivo, circulatorio, digestivo y neurológico.

Una actividad principal de la vida significa cuidarse a sí mismo, realizar tareas manuales, caminar, ver, oír, hablar, respirar, aprender y trabajar.

☞ A diferencia de la elegibilidad bajo IDEA, la *Sección 504* no requiere que un impedimento tenga un impacto adverso en el rendimiento educativo.

Puedes obtener más información sobre este tema en 34 C.F.R. §104.3(j), (i), §104.3(j)(2)(i) y (ii), y 154 Cong. Rec. S. 8342, 8346 (Ed. diaria 11 de septiembre de 2008, *Declaración de los gerentes para acompañar a S.*, 3406).

Si recuerdas solo una cosa de esta lección, por favor, recuerda esto: calificar para educación especial bajo IDEA requiere dos cosas: (a) una discapacidad que afecta adversamente el rendimiento educativo; y, (b) debido a eso, el niño necesita educación especial y servicios relacionados.

El IEP es "la pieza central de la ley del sistema de entrega educativa para niños discapacitados". (Honig v. Doe, 484 U. S. 305, 311 [1988]).

Lección siete
IEP y el equipo de IEP

El proceso de IEP

La mejor práctica al escribir un IEP es que el equipo de IEP utilice un proceso específico. Seguir un plan paso a paso puede asegurar mejor que un IEP proporcione los apoyos y servicios para satisfacer todas las necesidades únicas de tu hijo.

El IEP es el plan para la educación de tu hijo. Al desarrollar el IEP de tu hijo, el equipo siempre debe tener en mente el futuro, enfocándose en los resultados.

Un IEP debería dar a tu hijo las habilidades para permitirle continuar su educación después de salir de la escuela pública. "educación postsecundaria" puede significar la universidad, una escuela de oficios o la inscripción en un programa de capacitación para adultos.
El objetivo general de la educación especial es preparar a tu hijo con las habilidades para encontrar y mantener un trabajo y vivir de la manera más independiente posible como adulto.

Para asegurar que el

equipo desarrolle un IEP adecuado, es necesario utilizar un plan.

Utilizamos planes para casi todo lo que hacemos en la vida. Escribir el IEP de tu hijo no es diferente.

Utilizamos recetas para cocinar y hornear. Tenemos una rutina específica al cambiar el aceite de nuestro auto. Tomar atajos, omitir pasos o dejar algo fuera del proceso puede significar que nuestro pastel no suba o que el motor de nuestro auto falle.

Es igualmente peligroso tomar atajos al redactar un IEP. ¡No seguir un proceso puede significar que tu hijo no aprenda a leer, escribir, deletrear y hacer aritmética!

Niveles actuales

La IDEA requiere que cada IEP incluya los niveles actuales de logro académico y de desempeño funcional.

☞La sección sobre los niveles actuales de logro académico y de desempeño funcional es la parte más importante del IEP de tu hijo.

Desarrollar un IEP es como armar un rompecabezas. Cada miembro del equipo aporta diferentes piezas al rompecabezas en la reunión. Solo cuando todas las piezas del rompecabezas están sobre la mesa, el equipo podrá redactar un IEP apropiado. ¡Si faltan piezas del rompecabezas, el equipo no tiene la imagen completa!

Tu hijo es único. Por lo tanto, cada pieza del rompecabezas tiene una forma diferente a todas las demás. Sin embargo, cada pieza tiene su lugar y debería encajar en algún lado.

Tan pronto como el equipo del IEP tiene todas las piezas del rompecabezas, las unen y redactan un plan único para tu hijo para el próximo año. Ese plan debe satisfacer todas las necesidades de tu hijo.

Algunas personas prefieren armar primero las piezas exteriores de un rompecabezas, creando un marco para la imagen. Los niveles actuales son el marco para el IEP de tu hijo.

Así como una casa necesita unos cimientos firmes, un buen IEP debe tener una base sólida. Los niveles actuales de logro académico y de desempeño funcional son la base para el IEP de tu hijo. El resto del IEP se apoya en la sección de los *Niveles actuales de logro académico y de desempeño funcional*.

Los niveles actuales deberían contar la historia de tu hijo, explicando cómo le va académica y funcionalmente *a partir del día en cual el equipo diseña el IEP*. Por eso, la información de evaluación *actual* es tan importante.

Puedes obtener más información sobre este tema en 34 C.F.R. §§300.305(a)(2)(B)(ii), 300.320(a)(1) y en el *Comentario*, FR, vol. 71, nro. 156, 46662, 46684, (2006).

La sección de niveles actuales del IEP aborda más que lo académico. Es por eso que se llama niveles actuales de *desempeño funcional*. Leer, escribir y hacer cálculos son habilidades importantes, pero si tu hijo no puede *funcionar* como adulto, los aspectos académicos carecen de sentido.

Los niveles actuales siempre deben incluir las habilidades "funcionales" de tu hijo. El *Comentario* define las habilidades funcionales como todas las habilidades que no están relacionadas con lo académico.

Los niveles actuales funcionales indicarán cómo se desempeña tu hijo fuera del aula y de la escuela. También deberían mostrar cómo tu hijo se desempeña en entornos no académicos y al participar en actividades extracurriculares.

☞Todos los IEP deben incluir niveles actuales de logro académico y desempeño funcional. No todos los niños necesitarán metas funcionales en el IEP.

Puedes obtener más información sobre este tema en 34 C.F.R. §§300.303(a)(1), 300.304(b)(1), 300.320(1)(1) y (2)(i), 300.324(a)(iv), 300.600(b)(1) y en el

Comentario, FR, vol. 71, nro. 156, 46579 (2006).

Tu papel como experto en el equipo del IEP es crucial para desarrollar los niveles actuales de tu hijo. Tú eres el único miembro del equipo del IEP que sabe algo sobre tu hijo fuera del entorno escolar. Tú tienes las piezas más importantes del rompecabezas que conforman a tu hijo.

El equipo del IEP debe incluir cualquier información que proporciones sobre el desempeño funcional de tu hijo en los niveles actuales. Tu aporte permite que el equipo desarrolle un IEP que prepare a tu hijo para la vida como adulto fuera de la escuela.

El profesor de tu hijo sabe cómo se desempeña tu hijo en la escuela, pero un día escolar es solo una pequeña parte de un día entero. Un aula es una pequeña parte del mundo en el que vivirá tu hijo como adulto.

Tienes la capacidad de ver el panorama completo que le espera a tu hijo. Has conocido a tu hijo por más tiempo que nadie. Ves a tu hijo en distintos entornos y situaciones en el mundo real, fuera de la escuela.

Tienes muchas más piezas del rompecabezas que cualquier otra persona en el equipo. Más importante aún, ¡eres la única persona en el equipo con un interés personal en ver que tu hijo se convierta en un adulto independiente y autosuficiente!

El propósito declarado de IDEA es asegurar que tu escuela prepare a tu hijo para "una educación superior, empleo y vida independiente". Construir un IEP que cumpla con este propósito significa que el equipo del IEP debe utilizar cada pieza del rompecabezas que conforma a tu hijo.

Muchas de esas piezas del rompecabezas solo pueden venir de *ti*. La información que añades proviene de tu experiencia con tu hijo en el mundo real que existe fuera de la escuela.

Hay muchas formas en las que puedes proporcionar

información sobre tu hijo al equipo del IEP. Una forma es utilizando un *Informe de los padres.*

Un informe de los padres incluirá información desde tu punto de vista sobre los éxitos y dificultades de tu hijo, sus necesidades académicas y funcionales, tal como los ves tanto dentro como fuera del entorno escolar.

El Departamento de Educación de EE. UU. dice que puedes dar información al equipo del IEP utilizando un informe de los padres. "Los padres son libres de aportar información al IEP de su hijo a través de un informe escrito si así lo desean" (*Comentario*, FR, vol. 71, nro. 156, 46678 [2006]).

El *Apéndice* tiene enlaces a artículos de Wrightslaw sobre el *Informe de los padres.*

Puedes aprender más sobre este tema en 34 C.F.R. §§300.320, 300.323 y en el *Comentario*, FR, vol. 71, nro. 156, 46579, 46662, 46663, 46669 (2006).

Equipo del IEP y las reuniones del IEP

El desafío de un equipo del IEP es actuar en el mejor interés de tu hijo al tomar decisiones educativas en su nombre. Todos los miembros esenciales del equipo deben asistir a la reunión del IEP de tu hijo.

La IDEA enumera a los miembros del equipo que están obligados a asistir a la reunión del IEP:

- Los padres.
- Un maestro de educación general, si tu hijo estará en educación general.
- Al menos un maestro de educación especial.
- Un miembro del personal de la escuela que esté licenciado para enseñar o supervisar el programa de educación especial de tu hijo.

- ☞ Alguien que entienda y pueda explicar los resultados de la evaluación.
- ☞ Otros invitados por ti o por tu escuela.
- ☞ Tu hijo, cuando *tú* decidas que su asistencia es apropiada.

☞El maestro de educación general que asista debe ser quien supervisará la implementación del IEP de tu hijo.

Si tu hijo tiene más de un maestro de educación general, la escuela decide cuál debe asistir.

Tu escuela puede preguntarte si puedes excusar a un miembro requerido del equipo de asistir a toda o parte de una reunión del IEP. Debes dar consentimiento por escrito antes de que tu escuela pueda excusar a un miembro requerido del equipo, incluso si el equipo no planea discutir el área de esa persona en la reunión.

Si no das tu consentimiento, la escuela no puede excusar a un miembro requerido del equipo.

Si estás de acuerdo en excusar a un miembro requerido, este debe dar su opinión por escrito para que el equipo la discuta en la reunión.

Antes de excusar a un miembro del equipo, pregúntate si es importante que asista. ¿Tienes preguntas que solamente ese miembro puede responder?, ¿es su información crucial para desarrollar el IEP de tu hijo?, ¿cuánto conoce a tu hijo?, ¿qué tareas tendrá que llevar a cabo para cualquier servicio del IEP de tu hijo? Las respuestas a estas preguntas determinarán si esa persona debe estar en la reunión.

Puedes obtener más información sobre este tema en 34 C.F.R. §300.321(e) y en el *Comentario*, FR, vol 71, nro. 156, 46673, 46674, 46675 (2006).

Puedes invitar a otros a asistir a la reunión del IEP de tu hijo. Pueden participar como miembros del equipo o solo asistir para observar. Las personas que invites deben tener conocimiento o experiencia sobre tu hijo. No tienen que ser "profesionales". Un vecino o miembro de la familia generalmente tendrá suficiente conocimiento sobre tu hijo para asistir.

Puedes invitar al personal escolar a asistir a una reunión del IEP, pero tu escuela decide si esa persona asistirá.

Tu escuela debe darte aviso por escrito sobre el propósito, la hora y el lugar de las reuniones de IEP y quién estará allí. Debe darte el aviso con suficiente antelación para que puedas organizar tu asistencia.

Tú y la escuela deben acordar la hora y el lugar de la reunión del IEP. Tu escuela debe hacer un esfuerzo de buena fe para animarte a asistir. Debe mantener registros de su intento de programar la reunión del IEP en un horario que te permita asistir. Tu escuela puede llevar a cabo la reunión sin ti, solo si te niegas a asistir.

Si la fecha, hora o lugar te impiden asistir a la reunión del IEP de tu hijo, tu escuela debe ofrecerte otras formas de asistir. Puede concertar tu asistencia mediante una conferencia telefónica, una reunión de Zoom o cualquier otro medio electrónico.

Si tienes una discapacidad, tu escuela debe proporcionar las adaptaciones apropiadas para permitirte participar en la reunión. Debe proporcionar un intérprete en tu idioma nativo si no hablas inglés.

☛Tienes derecho a hacer preguntas, expresar preocupaciones y hacer recomendaciones al equipo del IEP.

Tu escuela puede usar un borrador del IEP. Si lo hace, debe entregarte una copia antes de la reunión. También debe informarte que el equipo del IEP puede realizar cambios a un borrador del IEP.

Puedes obtener más información sobre este tema en 34 C.F.R. §§300.17, 300.22, 300.101, 300.108, 300.112, 300.116(b)(2), 300.321, 300.322,

300.323, 300.324 y en el *Comentario*, FR, vol. 71, No. 156, 46634, 663, 46669, 46670, 46674 - 46679, 46680, 46681 (2006).

Programa de Educación Individual

El equipo debe considerar toda la información que proporcionas a medida que desarrolla el IEP de tu hijo. Esto incluye tu aporte, preocupaciones y recomendaciones. No temas dar a los otros miembros del equipo información sobre cómo ves los desafíos, fortalezas, necesidades académicas, de desarrollo y funcionales de tu hijo.

Luego, el equipo considera todas las piezas del rompecabezas que los miembros aportan a la mesa del IEP y comienza a desarrollar el IEP de tu hijo.

El IEP de tu hijo debe incluir *al menos* la siguiente información:

- Niveles actuales - logro académico.
- Niveles actuales - desempeño funcional.
- Resultados de la evaluación más reciente.
- El efecto de la discapacidad de tu hijo en su participación y progreso en la educación general.
- Información académica y no académica.
- Metas académicas anuales mensurables.
- Metas funcionales, si es necesario.
- Puntos de referencia u objetivos a corto plazo (para niños que toman una prueba alternativa).
- Cómo el IEP de tu hijo satisface sus necesidades únicas.
- Cómo la escuela medirá el progreso de tu hijo.
- Con qué frecuencia la escuela te enviará informes de progreso.

- La educación especial, servicios relacionados y ayudas y servicios complementarios que la escuela proporcionará a tu hijo.
- Cualquier modificación de programa o apoyo que tu hijo necesite.
- Cualquier apoyo necesario por parte de los maestros o el personal de tu hijo.
- La cantidad de tiempo que tu hijo pasará en la educación general.
- Cómo participará tu hijo en actividades extracurriculares y no académicas.
- Una explicación de por qué tu hijo no puede participar con niños no discapacitados.
- Adaptaciones académicas y funcionales.
- Una explicación de por qué tu hijo no tomará exámenes estatales y escolares.
- Cuándo comenzarán los servicios del IEP.
- La duración de los servicios de tu hijo y dónde y con qué frecuencia se proporcionarán.
- Metas y servicios de transición para adultos (si tu hijo está por cumplir los 16 años).
- Aviso de que todos tus derechos bajo IDEA se transferirán a tu hijo. (Debes recibir aviso de esto al menos un año antes de que tu hijo alcance la mayoría de edad en tu estado).

Si este es el primer IEP de tu hijo, debes dar tu consentimiento por escrito antes de que tu escuela pueda proporcionar cualquiera de los servicios del IEP. Una vez que la escuela reciba tu consentimiento, debe proporcionar a tu hijo los servicios del IEP lo antes posible.

Todos los miembros del personal escolar que llevarán a cabo alguna parte de los servicios de tu hijo deben poder acceder al IEP, incluso aquellos que no asistieron a la reunión del IEP.

Transferencia de IEP dentro del mismo estado o de otro estado

Si te mudas de una escuela a otra dentro del mismo distrito escolar o dentro de otro distrito escolar en tu estado, la nueva escuela puede hacer una de dos cosas. Debe adoptar el IEP de traslado o desarrollar, adoptar e implementar un nuevo IEP.

Hasta que la nueva escuela desarrolle, adopte e implemente un nuevo IEP, debe proporcionarle a tu hijo servicios comparables a los del IEP de la escuela anterior.

☞ "Comparable" significa similar o equivalente.

Si tu hijo es transferido de una escuela fuera del estado con un IEP de un estado con criterios de elegibilidad diferentes, es posible que la nueva escuela quiera evaluar a tu hijo para asegurarse de que sea elegible según sus criterios estatales.

Esta evaluación *no* es una reevaluación; es una evaluación inicial, y la escuela debe obtener tu consentimiento antes de evaluar a tu hijo. El *stay-put* ("estate quieto" o "medida de permanencia") no se aplica a esta evaluación.

Aprenderás más sobre audiencias y el *stay-put* en la Lección once.

La nueva escuela tiene 60 días a partir del momento en el que recibe tu consentimiento por escrito para completar la evaluación de tu hijo.

La nueva escuela debe proporcionarle a tu hijo servicios de IEP comparables hasta que lo encuentre elegible y desarrolle e implemente un nuevo IEP.

Si no estás de acuerdo con la evaluación de la nueva escuela o los hallazgos de elegibilidad, puedes solicitar una audiencia de debido proceso.

Cuando tu hijo es transferido a otra escuela, esa escuela debe solicitar prontamente a la escuela anterior que envíe copias de los registros de tu hijo. Estos incluyen cualquier IEP existente y cualquier otro registro relacionado con la prestación de educación especial o servicios relacionados de la escuela anterior. La escuela anterior debe proporcionar a la nueva escuela estos registros lo antes posible.

Puedes aprender más sobre este tema 34 C.F.R. §§300.301 y 300.323 y en el *Comentario*, FR vol. 71, nro. 156, 46544, 46617, 46629, 46638, 46681 y 46682 (2006).

Colocación y ambiente menos restrictivo

Tu hijo debe recibir educación especial y servicios relacionados en su ambiente menos restrictivo.

La colocación debe ser lo más cercana posible al hogar del niño, preferiblemente en tu escuela cercana.

Aprenderás más sobre la colocación y el ambiente menos restrictivo en la Lección nueve.

☞ **El equipo del IEP no puede decidir la ubicación de tu hijo hasta que complete el IEP.**

Puedes aprender más sobre este tema en 34 C.F.R. §§300.104, 300.115, 300.116, 300.325, 300.327, 300.501, 300.533 y en el *Comentario*, FR vol. 71, nro. 156, 46541, 46556 (2006).

Desacuerdo con un IEP

Después de que el equipo complete el IEP de tu hijo, es posible que no estés de acuerdo con todo lo que dice o no proporciona. Si eso sucede, puedes indicarlo en una declaración escrita.

No tienes que decirle a tu escuela por qué no estás de acuerdo con el IEP. Ten en cuenta que si tu escuela no sabe por qué no estás de acuerdo, no podrá tratar de resolver el problema.

En algunos estados, esta declaración se llama una “opinión escrita”, una “opinión disidente” o "declaración escrita". Si encuentras que la ley de tu estado no dice nada al respecto, generalmente es seguro asumir que tienes el derecho de estar en desacuerdo por escrito con un IEP.

Si recuerdas solo una cosa de esta lección, por favor, recuerda que las partes más importantes del IEP son los niveles actuales de logro académico y rendimiento funcional.

La lectura y la escritura, la aritmética y la gramática no constituyen educación, como tampoco un cuchillo, un tenedor y una cuchara constituyen una cena (John Lubbock, 1834–1913).

Lección ocho
Servicios relacionados y otros servicios

Servicios relacionados

Los servicios relacionados son servicios de desarrollo, corrección y apoyo que las escuelas deben proporcionar si tu hijo los necesita para beneficiarse de la educación especial. Los servicios relacionados respaldan las necesidades de desarrollo físico, emocional o social de tu hijo.

Es posible que tu hijo necesite servicios relacionados para participar en actividades extraescolares y no académicas.

Tu escuela puede proporcionar a tu hijo servicios relacionados para corregir una discapacidad, brindarle apoyo adicional para el éxito escolar y prepararlo para la vida adulta.

☞ La provisión de servicios relacionados se basa en las necesidades de tu hijo y no en una etiqueta o categoría.

Los servicios relacionados no incluyen el suministro, mantenimiento o reemplazo de dispositivos médicos implantados quirúrgicamente o dispositivos con componentes externos, como un implante coclear. Sin embargo, tu escuela debe asegurarse de que estos dispositivos funcionen mientras tu hijo está en la escuela y es transportado hacia y desde la escuela.

Tu escuela no está obligada a proporcionar, reparar o mantener dispositivos médicos implantados, pero debe proporcionar cualquier servicio relacionado u otro apoyo que tu hijo necesite.

Tu escuela también debe asegurarse de que cualquier otro dispositivo médico que tu hijo necesite por razones de salud y seguridad funcione correctamente, incluidos aquellos que tu hijo necesita para respirar, obtener la nutrición adecuada o para acomodar una función corporal.

Si no es posible separar las necesidades emocionales de tu hijo de sus necesidades educativas, los servicios relacionados pueden incluir la colocación en un programa residencial con servicios terapéuticos y de habilitación.

Ejemplos de servicios relacionados incluyen los siguientes. *¡Los servicios relacionados no se limitan a lo que está en esta lista!*

- Transporte especial.
- Terapia del lenguaje y del habla.
- Servicios de audiología.
- Servicios y dispositivos de tecnología de asistencia.
- Servicios de interpretación, servicios de transcripción, CART, C-Print y TypeWell.
- Servicios psicológicos.

- Terapia física y ocupacional.
- Recreación, incluida la recreación terapéutica.
- Servicios escolares de trabajo social.
- Servicios de salud y enfermería escolar.
- Servicios de asesoramiento, incluido el asesoramiento en rehabilitación.
- Servicios de orientación y movilidad.
- Identificación temprana y evaluación de una discapacidad.
- Servicios médicos para un diagnóstico o una evaluación.
- Tutoría o remediación escolar.
- Asesoramiento y capacitación para padres.

Puedes obtener más información sobre este tema en 34 C.F.R. §300.34 y en el *Comentario*, FR, vol. 71, nro. 156, 46541, 46548 - 46549, 46569 - 46575, 46581, 46583 (2006).

Ayudas y servicios suplementarios

Las ayudas y servicios suplementarios apoyan a tu hijo para que puedan participar en clases de educación regular, entornos no académicos y otros ambientes con sus compañeros no discapacitados. Las ayudas y servicios suplementarios permiten que tu hijo reciba su educación en su ambiente menos restrictivo, y el IEP *debe* incluirlos.

Tu escuela debe incluir a tu hijo con sus compañeros no discapacitados en entornos y ambientes a menos que esto no pueda hacerse satisfactoriamente con ayudas y servicios suplementarios.

No confundas las ayudas y servicios suplementarios con los servicios relacionados. Son sistemas de apoyo completamente diferentes.

Las ayudas y servicios suplementarios permiten que tu hijo participe con niños no discapacitados en la medida máxima apropiada *en todos los entornos escolares.*

Los servicios relacionados, por otro lado, son servicios de desarrollo, correctivos y otros servicios de apoyo que permiten a los niños con discapacidades beneficiarse de su *programa de educación especial.*

Incluso si tu hijo no es elegible para educación especial, puede recibir ayudas y servicios suplementarios porque estos apoyos también están disponibles para estudiantes de educación general. Las ayudas y servicios suplementarios pueden incluir tutoría y remediación escolar.

Puedes obtener más información sobre este tema en 34 C.F.R. §§300.42, 300.105, 300.107, 300.114(a)(2)(ii), 300.117, 300.208, 300.320(a)(4) y en el *Comentario* en 46541, 46547, 46552, 46569, 46578, 46580 - 46581, 46583, 46585, 46587 - 46589, 46664 - 46665, 46716, 46719, 46724.

Educación Física (PE)

Si tu escuela ofrece PE a niños sin discapacidades, también debe brindarla a tu hijo.

Algunos niños pueden participar en PE regular si tienen acceso a ayudas y servicios suplementarios. Si no pueden participar en PE regular, tu escuela debe ofrecer PE especialmente diseñada o adaptada (APE). No es aceptable que tu escuela exima o exculpe a tu hijo de la PE.

Si PE es parte del plan de estudios de tu escuela, no se trata solo de diversión y juegos. La educación física tiene como objetivo ayudar a los niños a desarrollar su forma física y motora y habilidades y patrones motores fundamentales.

La PE puede incluir habilidades acuáticas y de baile, juegos y deportes individuales y grupales, deportes de por vida, educación del movimiento y desarrollo motor.

Puedes obtener más información sobre este tema en 34 C.F.R. §§300.39(b)(2), 300.108 y en el *Comentario*, en FR, vol. 71, nro. 156, 46577, 46583, 46661 - 46662 (2006).

Tecnología de asistencia y servicios de tecnología de asistencia

La tecnología de asistencia (AT) es un dispositivo, un artículo, un equipo, un sistema o un servicio que ayuda a tu hijo a desarrollar, mantener o aumentar sus habilidades funcionales.

La AT puede ser algo que compres en una tienda o algo que esté especialmente diseñado para tu hijo. Los servicios de AT incluyen ayudar a encontrar, comprar o usar un dispositivo de tecnología de asistencia para tu hijo.

Si tu hijo necesita AT o servicios de AT, su IEP debe incluir dichos dispositivos y servicios. Es posible que tu hijo necesite usar en casa un dispositivo de tecnología de asistencia suministrado por la escuela. Si es así, el IEP debe indicarlo.

Puedes obtener más información sobre este tema en 34 C.F.R. §§300.5, 300.6, 300.105, 300.172(d) y en el

Los servicios de AT incluyen:

- Evaluaciones.
- Compra, alquiler o suministro de dispositivos de AT.
- Gestión y combinación de servicios e intervenciones relacionadas con los dispositivos de AT.
- Entrenamiento para tu hijo, sus maestros, empleadores y otros en el uso de dispositivos de AT.

Comentario, en FR, vol. 71, nro. 156, 46541, 46547 - 46548, 46555, 46570, 46571, 46579, 46581, 46585, 46621, 46644, 46665, 46684, 46685, 46740 (2006).

Actividades no académicas y extracurriculares

Tu escuela debe incluir a tu hijo en todos los entornos y actividades escolares en la medida más adecuada posible. Esto incluye entornos no académicos, actividades extracurriculares, comidas, recreo, tutorías, asesoramiento, deportes, transporte, servicios de salud, recreación, grupos o clubes especiales, remisión a otras agencias y empleo estudiantil. El propósito de los apoyos y servicios suplementarios es apoyar la participación de tu hijo en todas estas cosas.

El IEP de tu hijo debe enumerar todos los apoyos y servicios que necesita para tener éxito en todos los entornos y situaciones.

Puedes aprender más sobre este tema en 34 C.F.R. §§300.107, 300.117 y en el *Comentario*, en FR, vol. 71, nro. 156, 46541, 46578, 36583, 46585, 46589, 46666, 46670 (2006).

Otros programas y servicios

Tu hijo tiene derecho a participar en los mismos programas y servicios educativos que tu escuela ofrece a los niños sin discapacidades Estos incluyen, *pero no están limitados a.*, arte, música, artes industriales, educación del consumidor y las tareas del hogar y educación vocacional.

Puedes aprender más sobre este tema en 34 C.F.R. §300.110.

Servicios de transición y educación vocacional

Antes de los 16 años, o antes si es apropiado, el IEP de tu hijo debe incluir un plan de transición. Este plan debe incluir metas postsecundarias mensurables y los servicios que tu hijo necesita para alcanzar sus metas de transición y estar preparado para la vida adulta.

Los servicios de transición son un conjunto de actividades planificadas diseñadas para ayudar a tu hijo a aprender las habilidades que necesita para prepararse para *una educación adicional, empleo y vida independiente.* Los servicios de transición deben abordar las habilidades académicas y funcionales de tu hijo.

Los servicios de transición se basan en un proceso orientado a resultados caso por caso, de acuerdo a las necesidades de tu hijo. Los servicios pueden incluir instrucción especial, servicios relacionados, capacitación profesional, trabajo comunitario, experiencias de voluntariado y aprendizaje de habilidades para la vida diaria.

Tu hijo tiene derecho a participar en la educación vocacional. Este programa también puede ayudar a tu hijo a aprender las habilidades necesarias para trabajar como adulto, realizar actividades de voluntariado o prepararse para un trabajo que no requiera un título universitario.

Puedes aprender más sobre este tema en 34 C.F.R. §§300.39, 300.43, 300.320(b), 300.321(b), 300.324(c)(1) y en el *Comentario*, FR, vol. 71, nro. 156, 46577, 46578 - 46579, 46580, 46584, 46667, 46668, 46669, 46671, 46672, 46686, 46751 (2006).

Si recuerdas una cosa de esta lección, por favor, recuerda esto: tu hijo tiene derecho a ser educado y a participar con niños sin discapacidades en todos los entornos académicos, extracurriculares, no académicos y otros programas, en la medida máxima apropiada. El propósito de las ayudas y servicios suplementarios es permitir que tu hijo participe con pares típicos.

Poner el carro delante del caballo no es ni hermoso ni útil.
Henry David Thoreau.

Lección nueve
Colocación, LRE e inclusión

Colocación

Como muchos padres, es posible que pienses que "colocación" es una "ubicación". Eso no es cierto. La colocación no es una dirección de calle, un lugar, un salón de clases, una escuela específica o un campus en particular.

La colocación es el programa y ambiente donde tu hijo recibe sus servicios del IEP.

Tu escuela no debería basar la colocación de tu hijo en su discapacidad o en su etiqueta o categoría de discapacidad. No está bien que tu escuela te diga que tu hijo debe ir a un programa en particular porque "ahí es a donde mandamos a todos los niños que tienen problemas de lenguaje y habla". (Recuerda, aprendiste en la Lección uno que esta afirmación es una señal de alerta para una colocación OSFA).

El equipo del IEP toma decisiones de colocación caso por caso *después* de finalizar el IEP. Las necesidades de tu hijo para servicios, apoyos y metas del IEP son factores clave que ayudan al equipo a decidir la colocación.

Otros factores de colocación incluyen la necesidad de tu hijo para ayudas y servicios complementarios y tecnología de asistencia. También elige una colocación basada en cuánto tu hijo participará con sus compañeros no discapacitados en actividades académicas, no académicas y extracurriculares.

El IEP es la clave para la colocación. Tu escuela debe ofrecer un "continuo de opciones de colocación" basado en el IEP de tu hijo. Eso significa que debe tener más de una opción de colocación para tu hijo.

Una vez que el equipo finaliza el IEP, examina las opciones de colocación y decide cuál permitirá a la escuela llevar a cabo el IEP de la mejor forma.

Un continuo de opciones de colocación permite al equipo del IEP elegir una que brinde a tu hijo una educación en su ambiente menos restrictivo en la máxima medida apropiada.

Un continuo de opciones de colocación puede incluir la colocación en un salón de clase de educación general o especial, instrucción en casa o en un hospital, en una institución u otro entorno, o una combinación de uno o más de estos.

☞ La colocación siempre se basa en el IEP de tu hijo.

A menos que el equipo del IEP diga lo contrario, la primera opción de colocación para tu hijo es en un ambiente de educación general, en tu escuela local, con ayudas y servicios complementarios para apoyar ese ambiente.

El equipo del IEP de tu hijo puede considerar la colocación fuera del ambiente de educación general solo si el programa de tu hijo no puede tener éxito allí cuando se le brindan ayudas y apoyos adecuados.

Tu escuela siempre debe considerar *primero* colocar a tu hijo en un salón de clases de educación general, en tu escuela local, *con ayudas y servicios complementarios*, antes de considerar una colocación más restrictiva.

Si el equipo del IEP determina que no puede colocar a tu hijo en tu escuela local, debe elegir una escuela lo más cerca posible de tu hogar.

Puedes obtener más información sobre este tema en 34 C.F.R. §§300.114, 300.115, 300.116, 300.117, 300.327 y en el *Comentario*, FR, Volumen 71, nro. 156, pp. 46541, 46553, 46556, 46580, 46585, 46586, 46587, 46588, 46656, 46687 46731(2006), y Conf. Rpt. nro. 108-779 (2004).

Figura 2

Ejemplo de procesos IEP

Nota. La Figura 2 es un ejemplo de un proceso que un equipo del IEP podría seguir para desarrollar un IEP.

Inclusión y ambiente menos restrictivo

No encontrarás la palabra "inclusión" en ninguna parte del estatuto de IDEA o sus regulaciones. La IDEA utiliza la frase "ambiente menos restrictivo" (LRE).

La IDEA prefiere que tu

escuela coloque a tu hijo, siempre que sea posible, en aulas de educación general con niños no discapacitados. Este es el verdadero significado de ambiente menos restrictivo.

Esto también significa que el equipo del IEP coloca a tu hijo en un entorno de educación general con niños no discapacitados en la medida máxima apropiada, *con el apoyo de ayudas y servicios suplementarios.*

El equipo del IEP solo puede decidir la ubicación del ambiente menos restrictivo de tu hijo después de completar el IEP.

El equipo debe considerar el entorno de educación general *como la primera opción de ubicación* para tu hijo, a menos que su discapacidad sea tan grave que la colocación no pueda tener éxito *incluso con ayudas y servicios suplementarios.*

Tu escuela puede cambiar o adaptar el currículo o contenido académico regular para apoyar las necesidades de tu hijo si es necesario. Los maestros de tu hijo podrían necesitar cambiar la forma en que presentan materiales o temas.

Tu escuela no puede sacar a tu hijo de un entorno de educación general porque no quiere modificar el plan de estudios.

Independientemente de dónde se ubique a tu hijo, se le debe dar la oportunidad de cumplir con los mismos estándares académicos que tu escuela exige a los estudiantes no discapacitados.

Aquí hay una lista de apoyos que tu escuela puede considerar para darle a tu hijo la mejor oportunidad de éxito en el entorno de educación general. *¡Esta lista no está completa!*

- Ayudas suplementarias y servicios.
- Servicios relacionados.
- Tecnología de asistencia.
- Un tomador de notas o escriba.

- Servicios de salas de recursos.
- Cambiar, adaptar o modificar el programa o plan de estudios de educación general.
- Auxiliares de aula, asistentes de instrucción, ayudantes dedicados uno a uno.
- Adaptaciones.
- Modificaciones en el aula o en el plan de estudios.

Puedes obtener más información sobre este tema en 34 C.F.R. §300.114 a través de 300.120 y en el *Comentario*, FR, vol. 71, nro. 156, 46569, 46670, 46585-35486 (2006).

Colocaciones unilaterales

Si crees que tu hijo no está recibiendo una FAPE, tienes derecho a colocarlo en una escuela privada, incluida una escuela primaria o secundaria privada o una escuela religiosa.

Si quieres que tu escuela pague por la escuela privada, debes seguir pasos específicos. El no seguir estos pasos significa que tu escuela tal vez no tenga que pagar por la ubicación privada de tu hijo.

En la reunión más reciente del IEP, o al menos diez días hábiles antes de retirar a tu hijo de la escuela pública, *debes* informar a tu escuela por escrito que: (a) estás rechazando su IEP propuesto; (b) estás *retirando* a tu hijo; y (c) estás *inscribiendo a tu hijo en una escuela privada.* También debes incluir lo siguiente: (d) tus preocupaciones, y (e) que *quieres que tu escuela pague por la escuela privada.* ¡"Diez días" incluye cualquier día festivo que ocurra en un día hábil o escolar!

Si quieres que tu escuela pague la colocación en una escuela privada, asegúrate de entender lo que debes hacer antes de considerar la colocación de tu hijo en una escuela privada.

Si no sigues estas reglas, la escuela puede no tener que reembolsar la matrícula o pagar por la escuela privada.

En cualquier caso, tu escuela puede no tener que pagar por la colocación privada de tu hijo si: (a) puede demostrar que hizo una FAPE disponible para tu hijo de manera oportuna, (b) si no puedes demostrar que la escuela privada es una colocación apropiada.

Si tu escuela se niega a pagar por la colocación privada, puedes presentar una queja de debido proceso solicitando una audiencia. Un IHO o ALJ tiene la autoridad para ordenar a tu escuela que pague por la colocación privada de tu hijo. Si colocas a tu hijo en una escuela privada, tiene derecho a un plan de servicios ofrecido por la escuela pública que sea implementado en la escuela privada. Esto no es responsabilidad de tu escuela local.

El plan de servicios incluirá una oferta de servicios específicos para tu hijo y dónde recibirá los servicios. Si los servicios se ofrecen en un lugar fuera de la escuela privada, el plan de servicios debe incluir transporte para tu hijo hacia y desde los servicios.

☞Los servicios ofrecidos a tu hijo a través de un plan de servicios no siempre serán del mismo tipo o cantidad que recibiría si asistiera a la escuela pública.

Puedes obtener más información sobre este tema en tu NOPS, en 34 C.F.R. §§300.37, 300.111, 300.115, 300.129, 300.130, 300.132, 300.134, 300.135, 300.137, 300.138, y en el *Comentario*, FR, vol. 71, nro. 156, 46541, 46542, 46569, 46577, 46590, 46592, 46670, 46584, 46585-35486 (2006).

Si recuerdas una sola cosa de esta lección, recuerda esto: las decisiones de colocación se toman *solo después* de que el IEP esté completo.

Si los adultos no pueden seguir las reglas el 100% del tiempo, ¿cómo podemos esperar que un niño lo haga? (Jim Comstock-Galagan).

Lección diez
Comportamiento y disciplina

Disciplina, suspensión y expulsión

Algunas personas creen que una escuela no puede disciplinar a un niño que tiene un IEP. Esto no es cierto. Tu escuela puede disciplinar a un niño con un IEP por una violación del código de conducta estudiantil. Lo que tu escuela no puede hacer es castigar a tu hijo por comportamientos relacionados, vinculados o causados por su discapacidad.

Todos los niños tienen derechos de debido proceso, antes de que una escuela pueda disciplinarlos por violar un código de conducta estudiantil. Los niños con discapacidades tienen derechos adicionales al debido proceso para prevenir castigos injustos debido a su discapacidad. Hay reglas específicas que tu escuela debe seguir antes de disciplinar a tu hijo por mal comportamiento.

La regla de los diez días

En general, si tu hijo tiene

una discapacidad y un IEP, tu escuela no puede excluirlo de la escuela por más de diez días si existe una relación entre el comportamiento y la discapacidad. La regla de los diez días se aplica a los días de exclusión que se acumulan durante un año escolar.

Las excepciones a la regla de los diez días incluyen cuando un niño usa o posee drogas o armas, o causa lesiones corporales graves. Tu escuela puede retirar inmediatamente a tu hijo por participar en este tipo de comportamientos peligrosos.

Aprenderás más sobre comportamientos graves y peligrosos más adelante en esta lección.

Si tu hijo se involucra en un tipo de comportamiento diferente al comportamiento anterior que resultó en una exclusión escolar, la regla de los diez días no se aplica. Esto tampoco se considera un cambio en la colocación.

Antes de que tu escuela pueda cambiar la colocación de tu hijo por su comportamiento, debe realizar una reunión especial llamada Reunión de Determinación de Manifestación (MDM). Más adelante en esta lección, aprenderás más sobre este tipo de reunión.

Una expulsión es un retiro prolongado de la escuela. Lamentablemente, en algunos estados, una escuela puede expulsar a un niño por todo un año escolar.

Si tu hijo está en peligro de ser expulsado, tiene derecho a una audiencia de expulsión. Una audiencia de expulsión es un procedimiento independiente de la educación especial. Este es un tema que está más allá del alcance de esta lección. Las leyes de educación de tu estado deben tener información sobre las audiencias de expulsión. También puedes llamar al DOE de tu estado para obtener más detalles.

Algunas escuelas incluyen información sobre los procedimientos de debido proceso para las expulsiones en su *Manual del estudiante.*

Si tu escuela dice que está expulsando a tu hijo, también puedes solicitar una audiencia de debido proceso de educación especial. Esta audiencia puede ocurrir antes, en lugar de, o después de una audiencia de expulsión.

Una audiencia de debido proceso disciplinario de educación especial generalmente es "acelerada". Aprenderás más sobre las audiencias expeditas en la Lección once.

☞ Puede tener derechos al debido proceso si tu escuela sabía o debía haber sabido sobre la discapacidad de tu hijo, incluso si tu hijo aún no es elegible para educación especial.

Incluso si tu hijo no es elegible para educación especial, bajo ciertas circunstancias, puede tener derechos de debido proceso de educación especial.

Si tu escuela sabía o debía haber sabido que tu hijo tiene una discapacidad, puede tener derechos de debido proceso de educación especial.

Si cualquiera de los siguientes puntos es cierto, podría ser una prueba de que tu escuela sabía o debía saber sobre su discapacidad:

- ☞ Pediste por escrito una evaluación.
- ☞ Le dijiste a alguien por escrito que crees que tu hijo tiene una discapacidad.
- ☞ Alguien en la escuela dijo que pensaba que tu hijo podría tener una discapacidad.

Puedes aprender más sobre este tema en tu NOPS y en 34 C.F.R. §§300.530, 300.531, 300.533, 300.534, y en el *Comentario*, FR, vol. 71, nro. 156, 46713 - 46722 (2006).

Armas, drogas, lesiones corporales graves

Tu escuela puede retirar inmediatamente a tu hijo de la escuela y colocarlo en un entorno educativo alternativo provisional (IAES) por comportamiento grave o peligroso.

El comportamiento grave o peligroso incluye usar o poseer

un arma, usar o poseer drogas ilegales o sustancias controladas en la escuela, en los terrenos de la escuela, en una actividad escolar o causar lesiones corporales graves.

Puedes obtener más información sobre este tema en 34 C.F.R. §300.530(g) y (i) y en el *Comentario*, FR, vol. 71, nro. 156, 46628 - 46629, 46722, 46749 - 46750 (2006).

Entornos educativos alternativos provisionales

Tu escuela puede mantener a tu hijo en un entorno educativo alternativo provisional (IAES) hasta por diez días escolares por comportamiento grave o peligroso, y hasta 45 días escolares, incluso si hay una conexión entre su discapacidad y el comportamiento.

Puedes obtener más información sobre este tema en tu NOPS, en 34 C.F.R. §300.530(b)(1), 300.531, 300.532, 300.533, y en el *Comentario*, FR, vol. 71, nro. 156, 46713 - 46726, 46728, 46749 - 46752 (2006).

Reunión de determinación de manifestación

Tu escuela debe realizar una MDM antes de cambiar la colocación de tu hijo debido a su comportamiento o por razones disciplinarias. La reunión de determinación de manifestación debe incluir a miembros del equipo del IEP. Eres miembro del IEP y del equipo de determinación de manifestación.

El equipo MDM analiza el comportamiento actual de tu hijo, la discapacidad y la historia de comportamiento, y cualquier FBA y Plan de Intervención de Comportamiento (BIP) existente.

El equipo MDM es responsable de decidir si la escuela siguió el IEP de tu hijo. Si la escuela no ha seguido el IEP de tu hijo, no puede cambiar su colocación.

Luego, el equipo MDM decide si el comportamiento de tu hijo está relacionado con su discapacidad. Esta decisión se determina caso por caso. La información clave que utiliza el equipo MDM para tomar esta decisión es el IEP de tu hijo.

Si el IEP de tu hijo establece que puede volverse agresivo, y el incidente involucra agresión, probablemente el comportamiento de tu hijo esté relacionado con la discapacidad. Si es así, la escuela no puede sacar a tu hijo por más de diez días.

A menos que el equipo MDM acuerde lo contrario, cuando el comportamiento está relacionado con una discapacidad, tu escuela debe devolver a tu hijo a su colocación anterior. Si la escuela no ha realizado un análisis funcional del comportamiento (FBA), debería realizarlo inmediatamente.
Cuando la escuela complete el FBA, el equipo del IEP usará esos resultados para diseñar e implementar un Plan de Intervención de Comportamiento.

Si tu hijo tiene un Plan de Intervención de Comportamiento activo y continúa participando en comportamientos que interfieren con su educación, el equipo del IEP debería revisarlo y modificarlo.

El propósito de un Plan de Intervención de Comportamiento es detener el comportamiento o prevenir que interfiera con la educación de tu hijo.

Tu escuela debe hacer esfuerzos para tratar de evitar que el comportamiento de tu hijo tenga un efecto negativo en su educación.

Si el equipo MDM decide que el comportamiento de tu hijo no está vinculado a una discapacidad, tu escuela puede suspender, expulsar o excluir a tu hijo durante un máximo de 45 días. Tú y tu hijo tienen derechos de debido proceso para impugnar esta decisión.

Si no estás de acuerdo con una decisión del equipo de la MDM, puedes presentar una queja de debido proceso solicitando una audiencia de debido proceso acelerada. Aprenderás más sobre las audiencias aceleradas en la Lección once. Mientras tu hijo esté fuera de la escuela, tu escuela debe continuar brindándole todos los servicios enumerados en su IEP y una oportunidad para progresar hacia sus metas del IEP.

Puedes obtener más información sobre este tema en tu NOPS, en 34 C.F.R. §§300.530(e) y (f), 300.532, 300.533, y en el *Comentario*, FR, vol. 71, nro. 156, 36546, 46579, 46692, 46713 - 46716, 46718 - 46729, 46748 - 46749, 46798 (2006).

Cambio de colocación disciplinario

Una suspensión o exclusión de la escuela por más de diez días acumulativos se considera un cambio de colocación disciplinario.

Tu escuela tiene muchas opciones disponibles para prevenir que los comportamientos de tu hijo continúen. Lo siguiente es solo una lista parcial de cosas que tu escuela puede hacer para cumplir con su deber.

- Utilizar intervenciones positivas de comportamiento.
- Proporcionar servicios de apoyo y modificaciones.
- Realizar una nueva FBA o actualizar una existente.
- Desarrollar un nuevo BIP o revisar y modificar uno existente.

Puedes obtener más información sobre este tema en tu NOPS, en 34 C.F.R. §§300.530, 300.531, 300.532, 300.533, 300.536, y en el *Comentario* FR, vol. 71, nro. 156, 46719 - 46723, 46728 (2006).

Evaluaciones funcionales de comportamiento

Si tu hijo tiene dificultades para comunicarse, es posible que no pueda expresar sus deseos y necesidades. Su frustración puede convertirse en enojo y comportamiento agresivo.

☞ Todo comportamiento es una forma de comunicación.

Una FBA tiene varios propósitos. El primero es buscar la razón (desencadenante o antecedente) que provoca que tu hijo se comporte de una determinada manera.

Una vez que se conoce qué causa el comportamiento, tu escuela está en camino de desarrollar un Plan de Intervención de Comportamiento que incluya estrategias para evitar las situaciones y entornos que desencadenan el comportamiento.

Tu escuela puede contratar o trabajar con analistas de comportamiento capacitados para ayudar a identificar lo que desencadena el comportamiento de tu hijo.

Luego, la FBA examina qué recompensas recibe tu hijo por participar en el comportamiento.

Si tu hijo está utilizando el comportamiento para evitar una actividad, un entorno o situación quitarlos es una recompensa, y seguirá repitiendo el comportamiento porque reciben algo de este.

Comprender estas dos cosas son las claves para detener a tu hijo de involucrarse en comportamientos negativos mientras se fomentan los comportamientos de reemplazo.

Una evaluación funcional del comportamiento adecuada proporciona al equipo del IEP información valiosa que pueden utilizar para desarrollar un Plan de Intervención de Comportamiento apropiado.

Tienes derecho a estar en desacuerdo con la escuela sobre los resultados de la evaluación funcional del comportamiento y pedir una FBA independiente a cargo de la escuela.

Puedes obtener más información sobre esto en 34 C.F.R. §§300.34(a)(10)(iii) y (vi), 300.530(d)(ii) y en el *Comentario*, FR, vol. 71, nro.

156, 46575, 46683 (2006).

Planes de Intervención de Comportamiento

Cuando los resultados de la FBA están disponibles, el equipo del IEP utiliza esa información para determinar si tu hijo necesita un Plan de Intervención de Comportamiento. De ser así, debe desarrollar uno.

Un Plan de Intervención de Comportamiento apropiado incluye las estrategias, apoyos y servicios para abordar las necesidades de comportamiento de tu hijo, extinguir el comportamiento negativo y proporcionar comportamientos de reemplazo.

Algunos servicios que las escuelas han encontrado útiles para disminuir el comportamiento negativo incluyen proporcionar terapia del lenguaje / habla y dispositivos de comunicación aumentativa para abordar habilidades de comunicación, entrenamiento en habilidades sociales, servicios de trabajo social escolar y asesoramiento terapéutico para abordar problemas de salud mental. La IDEA recomienda fuertemente a las escuelas a incluir intervenciones conductuales positivas en un BIP.

El BIP debe incluir una fecha específica en la que el equipo espera que el comportamiento de tu hijo cambie o cese. Si el comportamiento no mejora para entonces, el equipo debe considerar actualizar la FBA o revisar y modificar el BIP.

Desafortunadamente, cuando una escuela retira a un niño por razones disciplinarias, la IDEA no especifica que la escuela debe realizar una FBA o modificar un BIP existente.

La historia de tu hijo es el mejor predictor de problemas de comportamiento futuros. No esperes una crisis. Sé proactivo y solicita una FBA y un Plan de Intervención de Comportamiento *antes* de que el comportamiento se convierta en un problema.

Si el comportamiento de tu hijo no mejora, puedes pedir al equipo del IEP que revise el

BIP. ¡No está funcionando! También puedes solicitar una FBA actualizada.

Si bien es buena práctica incluir un BIP en el IEP de tu hijo, esto no es requerido por la IDEA. La ley de educación especial de tu estado puede requerirlo.

Si el BIP de tu hijo es un documento separado del IEP, todo el personal escolar debe poder "acceder" a él. Nunca asumas que el personal escolar leerá el BIP de tu hijo. Es posible que desees dar una copia a cada miembro del personal que sea responsable de supervisar la educación de tu hijo.

Según la IDEA, una evaluación o reevaluación no incluye automáticamente una evaluación conductual funcional. Nuevamente, verifica la ley de educación especial de tu estado, ya que podría requerirlo.

La IDEA establece que tu escuela debe evaluar a tu hijo en todas las áreas de la discapacidad sospechada. Si el comportamiento o el estado emocional tienen un impacto adverso en su rendimiento educativo, tiene sentido que un FIE incluya una FBA. Nunca asumas que esto sucederá, incluso si la ley de tu estado lo exige.

Puedes obtener más información sobre este tema en 34 C.F.R. §300.324(a)(3)(i) y en el *Comentario*, FR, vol. 71, nro. 156, 46629, 46642 - 46643, 46569, 46683, 46716, 46720 - 46721, (2006).

Si recuerdas una sola cosa de esta lección, recuerda esto: tu escuela no puede castigar a tu hijo por un comportamiento que esté de alguna manera relacionado con una discapacidad.

Los críticos de las corridas de toros, clasificados en filas, llenan la enorme plaza. Solo uno sabe, y ese es el que lucha contra el toro (Inscripción en la tumba de Dorminguez Ortez).

Lección once
Debido proceso y resolución alternativa de disputas

Debido proceso

Tú y tu hijo tienen muchos derechos de debido proceso. Se necesitaría un libro entero para informarte sobre todos estos derechos. Esta lección te enseñará sobre temas importantes del debido proceso. Querrás seguir aprendiendo sobre todos los demás temas de debido proceso que este libro no cubre.

La frase "debido proceso" proviene de la Quinta y Decimocuarta Enmiendas de la Constitución de los Estados Unidos. La Quinta Enmienda dice que nadie será "privado de la vida, la libertad o la propiedad sin el debido proceso legal".

La Cláusula del Debido Proceso de la Decimocuarta

Enmienda dice: "Ningún estado podrá dictar o hacer cumplir ninguna ley que menoscabe los privilegios o inmunidades de los ciudadanos de los Estados Unidos; ni ningún estado privará a ninguna persona de la vida, la libertad o la propiedad, sin el debido proceso legal; ni negar a ninguna persona dentro de su jurisdicción la igual protección de las leyes".

¿Qué significan estas enmiendas? En términos simples, significa que antes de que una agencia gubernamental, como una escuela pública, pueda actuar o negarse a actuar de manera que afecte tus derechos o los de tu hijo, debe seguir ciertos procedimientos. Uno de estos procedimientos es que debes tener una forma de impugnar esas decisiones.

Las escuelas públicas son agencias gubernamentales. Como agencias gubernamentales, tu escuela debe asegurar tu derecho al debido proceso, incluyendo el derecho a impugnar sus decisiones.

Los procedimientos de debido proceso que tu escuela debe seguir garantizan que tú y tu hijo tengan acceso a un proceso legal justo.

Tienes derechos como padre que son separados de los derechos de debido proceso de tu hijo (*Winkelman contra el Distrito Escolar de la Ciudad de Parma*, 127 S.Ct. 1994, 167 L.Ed.2d 904 [2007]).

Resolución alternativa de disputas

Hablemos primero sobre la Resolución Alternativa de Disputas (ADR). Puedes utilizar varios métodos de ADR para resolver desacuerdos entre tú y tu escuela.

La ADR incluye "procedimientos y procesos que los estados han encontrado efectivos para resolver disputas rápidamente y de manera efectiva". La ADR no incluye los procesos de resolución de disputas requeridos por la IDEA o sus regulaciones. El *Comentario*, FR vol. 71, nro. 156, 46604 (2006).

La mediación, discutida a continuación, es el método de ADR más común que los padres y las escuelas utilizan para resolver disputas de manera informal.

Mediación

En 1997, el Congreso añadió la mediación a la IDEA para brindarle a los padres y las escuelas una forma menos adversarial y menos formal de resolver desacuerdos de educación especial en comparación con las audiencias de debido proceso.

La mediación es gratuita para las familias y las escuelas y solo te cuesta un día de tu tiempo.

La mediación es voluntaria. Tú y tu escuela deben acordar utilizar la mediación. Si tú y la escuela eligen utilizar la mediación, esta no puede retrasar o negar tu derecho a una audiencia de debido proceso.

Puedes utilizar la mediación en lugar de una audiencia de debido proceso. Si ya has presentado una solicitud de audiencia, puedes utilizar la mediación antes e, incluso, durante tu audiencia.

Si tú y tu escuela están de acuerdo en mediar, pero no pueden resolver la disputa, aún puedes usar el sistema de audiencia de debido proceso.

Tú y tu escuela también pueden acordar usar la mediación en lugar de asistir a una reunión de resolución. Aprenderás más sobre las reuniones de resolución más adelante en esta lección.

Si tú y tu escuela acuerdan usar la mediación, el DOE de tu estado asigna un mediador capacitado e imparcial. Esta persona no tiene ningún interés en la disputa ni en los resultados de la mediación.

El mediador hace todos los arreglos para la mediación, incluyendo el establecimiento de un momento y lugar conveniente para ambas partes.

Un mediador no tomará una

decisión durante la mediación. El papel de un mediador es intentar facilitar un acuerdo entre tú y la escuela para resolver la disputa.

No debes esperar resultados perfectos de la mediación. Incluso si tú y tu escuela llegan a un acuerdo, normalmente ninguno de ustedes conseguirá todo lo que quiere.

Los mediadores están capacitados para ayudar a las personas a encontrar soluciones que les permitan evitar una audiencia formal de debido proceso.

Todas las discusiones y los términos del acuerdo de mediación son confidenciales. Ni tú ni la escuela pueden utilizar algo dicho o escrito durante la mediación en un procedimiento legal futuro.

No es necesario resolver todos los problemas para tener una mediación exitosa. Si tú y tu escuela resuelven algún problema, el mediador lo formalizará en un acuerdo escrito que, una vez firmado, es legalmente vinculante. Un tribunal puede ordenar a cualquiera de las partes que cumpla el contrato.

Antes de firmar un acuerdo de mediación, asegúrate de lo siguiente: (a) que el acuerdo incluya todo lo que tú y la escuela acordaron, y (b) obtener una copia firmada de él antes de salir de la sesión de mediación. No salgas de la habitación sin una copia completa del acuerdo.

Puedes aprender más sobre este tema en tu **NOPS**, en 34 C.F.R. §§300.152(a)(3)(ii), 300.506, 300.510, y en el *Comentario*, FR, vol. 71, nro. 156, 46601 - 46605, 46624, 46633-46634, 46640, 46661, 46671, 46682, 46694 - 46696, 46700, 46702 - 46703, 46708 - 46709, 46721, 46725, 46730 (2006).

Audiencias de debido proceso de la IDEA

En 1975, el Congreso concibió las audiencias de debido proceso como una forma informal de resolver problemas entre padres y escuelas. En muchas áreas, las audiencias de debido proceso se han convertido en procedimientos legales complejos. ¡Algunas han durado más que algunos juicios por asesinato!

En una audiencia de debido proceso, un IHO o un ALJ toma decisiones que suelen ser responsabilidad del equipo del IEP. Un IHO o ALJ actúa como un equipo del IEP de una sola persona.

El IHO o ALJ basa su decisión en la evidencia (documentos y testimonios) presentada durante la audiencia.

Puedes aprender más sobre estos temas en 34 C.F.R. §300.511, 34 C.F.R. §300.511, 300.512, 300.513, 300.514, 300.515, 300.516, 300.517, 300.518, y en el *Comentario*, FR, vol. 71, nro. 156, 46601,46604 - 46607, 46661, 46682, 46698, 46704 - 46708, 46723 - 46724, 46726, 46746, y 46748 (2006).

Ley de prescripciones

La ley de tu estado controla hasta cuánto tiempo atrás puedes plantear problemas para una audiencia de debido proceso. Esta regla de ley se llama "ley de prescripciones".

La ley de prescripciones de IDEA es de dos años a partir del momento en el que supo o debió haber sabido acerca de los problemas que tienes con tu escuela. La ley de tu estado puede tener una ley de prescripciones diferente.

Existen algunas excepciones a la ley de prescripciones que te permitirán plantear problemas que se remontan más allá de lo permitido por la ley de limitaciones de tu estado. Puedes obtener más información sobre este tema en 34 C.F.R. §300.511(e) y (f).

También deberías poder encontrar información sobre la ley de prescripciones de tu estado en tu NOPS o puedes llamar al DOE de tu estado para obtener más detalles.

A menos que la ley de tu estado diga lo contrario, la parte que solicita la audiencia tiene la "carga de la prueba" (*Schaffer contra Weast*, 546 US 49 [2005]). La decisión en Schaffer otorga la obligación de probar el caso a la parte que presentó la queja de debido proceso. En la mayoría de los casos, se trata de un padre. En las mejores circunstancias, la carga de probar su caso es una batalla cuesta arriba para los padres.

Quejas de debido proceso

Una audiencia de debido proceso comienza con la presentación de una queja de debido proceso. La mayoría de las solicitudes de audiencia las presentan los padres.

Los problemas apropiados para las quejas de debido proceso involucran elegibilidad, evaluaciones, colocación y si tu hijo recibe una FAPE. Las quejas de debido proceso a menudo incluyen varios subtemas.

Una queja de debido proceso debe incluir información específica sobre tu hijo. Debe resumir la disputa, los hechos relevantes y una propuesta de solución al problema.

☞Cada estado debe tener un formulario modelo de queja de debido proceso. tu DOE puede publicar este formulario en su sitio web.

Si no puedes encontrar el formulario modelo de queja de debido proceso de tu estado, llama al DOE de tu estado y pide que te lo envíen.

No es necesario que utilices el formulario modelo de queja de tu estado. Sin embargo, si eliges utilizarlo, es más probable que tu queja incluya toda la información necesaria. Esto ayuda a evitar que la escuela presente con éxito un *Aviso de insuficiencia*. A continuación, aprenderás sobre este aviso.

Puedes obtener más información sobre este tema en tu NOPS y en 34 C.F.R. §300.509 y en el *Comentario*, vol. 71, nro. 156, 46699-46700 (2006).

Aviso de insuficiencia

El proceso para presentar una queja de debido proceso puede ser complejo. La queja *debe* incluir varias cosas. Si no se incluye toda la información requerida, el abogado de la escuela probablemente presentará un aviso de insuficiencia.

El IHO o ALJ revisará el aviso y decidirá si tu queja tiene toda la información requerida. En cinco días, el IHO o ALJ les enviará a ti y a la escuela una orden indicando si la queja es suficiente.

Si el IHO o ALJ dice que tu queja es insuficiente, te dirán qué no incluiste y te permitirán corregirlo o enmendarlo. A continuación, aprenderás más sobre cómo enmendar tu queja.

Puedes obtener más información sobre este tema en 34 C.F.R. §300.508(d) y en el *Comentario*, vol. 71, nro. 156, 46698-46700, 46704, 46725-46726 (2006).

Modificar una queja

El IHO o ALJ puede permitirte modificar tu queja o tú y tu escuela pueden acordar que puedes modificarla.

Puedes obtener más información sobre este tema en 34 C.F.R. §§300.508(d)(3) y (4) y en el *Comentario*, FR vol. 71, nro. 156, 46699 (2006).

☞ Enmendar tu queja significa que los plazos de audiencia empiezan de nuevo. También tendrás que asistir a otra reunión de resolución.

El periodo de resolución

En 2004, el Congreso enmendó la IDEA y añadió el período de resolución de 30 días al proceso de audiencia. Esto requiere que un padre que presenta una solicitud de audiencia de debido proceso asista a una reunión de resolución durante este período de 30 días. (Las escuelas que presentan solicitudes de audiencias no tienen que programar ni asistir a una reunión de resolución).

No asistir a una reunión de resolución significa que corres el riesgo de que tu audiencia sea desestimada.

El propósito de la reunión de resolución es darle a tu escuela otra oportunidad de resolver los problemas que planteaste en tu queja.

Una reunión de resolución debe llevarse a cabo dentro de quince días siguientes al momento en que presentas una queja de debido proceso. Si tu escuela no programa una reunión de resolución oportuna, puedes pedirle al IHO o al ALJ que permita que tu audiencia comience.

☞ El plazo de audiencia de 45 días no comienza hasta que: (a) asistas a la reunión de resolución; (b) tú y la escuela decidan renunciar a la reunión, o (c) después de la mediación, cuando tú y tu escuela decidan usar mediación en lugar de una reunión de resolución.

Tú y tu escuela pueden acordar renunciar a la reunión de resolución o utilizar mediación en su lugar.

Puedes invitar a otras personas con conocimiento o experiencia sobre tu hijo a asistir a la reunión de resolución. Si quieres que tu abogado asista, la escuela tiene derecho a que su abogado también asista.

Si resuelves algún problema a través de la mediación, se te pedirá que firmes un acuerdo por escrito. Tú o tu escuela pueden cancelar este acuerdo dentro de tres días hábiles después de firmar el documento. Si ninguna de las partes cancela, el acuerdo es legalmente vinculante y un tribunal puede hacerlo cumplir.

La Tabla 3 compara una reunión de resolución con la mediación.

Puedes obtener más información sobre este tema en tus NOPS en 34 C.F.R. §§300.510, 300.532(c)(3), 300.537 y en el *Comentario*, FR, vol. 71, nro. 156, 46545, 46694, 46696, 46697, 46698, 46700 - 46704, (2006), y la *Carta a Anderson*, OSEP (2010). *Ver también: Informe S.* nro. 108–185, p. 38 y el Informe H. nro. 108-77, p. 114.

☞ A diferencia de la mediación, las reuniones de resolución no son confidenciales. Cualquier cosa que digas, hagas o aceptes durante una reunión de resolución puede usarse en tu contra más adelante en una audiencia o procedimiento judicial.

Tabla 3

Comparación de la mediación

Comparación de la mediación con las reuniones de resolución	
Mediación	Reuniones de resolución
Voluntaria.	Obligatoria para los padres que solicitan una audiencia.
Facilitada por un mediador capacitado e imparcial.	Ninguna persona imparcial guía el proceso.
La mediación y los acuerdos de mediación son confidenciales.	Las reuniones de resolución, discusiones y acuerdos *no son confidenciales.*
Un acuerdo de mediación firmado es legalmente vinculante.	Un acuerdo de resolución firmado es legalmente vinculante si ninguna de las partes lo cancela dentro de los tres días hábiles.
¡ES CRÍTICO QUE ENTIENDAS LA DIFERENCIA!	

Audiencias: lo bueno, lo malo, lo feo

Las audiencias del proceso de educación especial son un proceso adversarial. Pueden ser feas, complicadas, largas y costosas de muchas maneras.

Antes de presentar una queja de debido proceso, tus posiciones y las de la escuela a menudo ya están polarizadas.

A pesar de los aspectos negativos de una audiencia, el acceso al debido proceso te brinda una forma legal de resolver desacuerdos entre tú y tu escuela. Pasar por una audiencia es un proceso doloroso para ti y tu escuela. Sin embargo, en ocasiones, la resolución requiere intervención de una tercera parte imparcial.

Es sabio consultar a un abogado de padres con experiencia para ayudarte a decidir si una audiencia es apropiada para tu familia. Un abogado puede sugerirte otras formas de resolver tu desacuerdo con la escuela y evitar una audiencia.

Si trabajas con un abogado de padres, él puede ayudar con el control de daños. Los abogados son negociadores hábiles. A menudo pueden resolver disputas de educación especial sin presentar una queja de debido proceso. También son buenos para mantenerte fuera del medio de la refriega.

Aquí hay algunas sugerencias para sopesar al evaluar los pros y los contras de una audiencia de debido proceso. ¿Cuáles serán los costos para tu familia? Piensa en los costos monetarios, emocionales y psicológicos.

¿Cuánto durará la audiencia? ¿Cuánto tiempo necesitarás estar lejos del trabajo? ¿Cómo cuidarás de tus otros hijos durante la audiencia?

Las audiencias pueden durar semanas. Algunas continúan durante meses. Este tipo de estrés puede desgastarte.

Los costos de una audiencia no son solo en dólares. Son física, mental, psicológica y emocionalmente agotadores para la mayoría de las familias.

También puedes querer pensar en cómo la audiencia puede afectar tu relación con tu escuela.

☞ Debes considerar *todos* los costos involucrados en una audiencia *antes* de decidir continuar con una.

Si tu abogado cobra honorarios, debes discutir si la tarifa que pagas al abogado será recuperable. Asegúrate de entender los pasos que podrías tener que tomar para recuperar estas tarifas y cuánto tiempo podría tomar ese proceso. La mayoría de las audiencias requieren al menos un testigo experto por el que probablemente serás responsable de pagar. No hay garantía de que podrás recuperar los costos de los honorarios de los peritos. Debes esperar pagar al menos un experto para que evalúe a tu hijo y testifique en la audiencia.

También debes decidir si abrir la audiencia al público o tener una audiencia privada. ¿Querrás que tu hijo asista o testifique?

Si vives en un estado en el cual se permite que personas que no son abogados (defensores legales) te representen en una audiencia, asegúrate de obtener un acuerdo por escrito que claramente establezca cuánto te cobrará ese defensor. *¡Este es un contrato! ¡Pídale a un abogado que lo revise antes de firmar!*

¿Hay abogados con experiencia en derecho de familia que ejerzan cerca de ti? ¿Vas a representar a tu hijo? Aprenderás los pros y los contras de estas opciones más adelante en esta lección.

Apelar una decisión de audiencia

Si pierdes tu audiencia, puedes apelar la decisión. En un estado de "un solo nivel", puedes presentar inmediatamente una apelación a un tribunal estatal o federal. Si vives en un "estado de dos niveles" debes presentar una apelación ante un panel o un funcionario de apelaciones.

Una audiencia de debido proceso es el primer nivel en un estado de dos niveles. El segundo nivel es tu apelación ante un panel estatal o un funcionario de apelaciones. Una vez completes el segundo nivel y recibas una decisión adversa, puedes presentar una apelación en un tribunal estatal o federal.

Debes tener un motivo legal válido para apelar una decisión de audiencia. El simple hecho de no estar satisfecho con ello, no es motivo para apelar.

Algunos de los motivos válidos para apelar son: creer que el ALJ o el IHO cometió un error al interpretar la ley, tomó decisiones arbitrarias o caprichosas, o que su decisión es contraria a la ley. Un abogado puede explicarte esto con más detalle.

Puedes obtener más información sobre este tema en 34 C.F.R. §§300.514, 300.515, 300.516 y en el *Comentario*, vol. 71, nro. 156, 46707 (2006).

Stay-put

El término "stay-put" generalmente significa que tu hijo permanecerá en su ubicación educativa actual durante la audiencia y las apelaciones. Existen algunas excepciones, como si tú y la escuela acuerdan otro lugar.

Puedes presentar una audiencia de debido proceso sobre una evaluación inicial. Sin embargo, en este caso, *stay-put* no se aplica. Tu hijo aún no es elegible, por lo tanto, no tiene un lugar en el cual permanecer.

Otra excepción a *stay-put* es si la escuela cambia la colocación de tu hijo debido a un problema disciplinario grave.

Puedes obtener más información sobre este tema en tu NOPS, en 34 C.F.R. §300.518, y en el *Comentario*, vol. 71, nro. 156, 46682, 46709, 46710 46726 (2006).

¿Abogado, abogado defensor o *pro se*?

Debes decidir si contratarás a un abogado o a un defensor no abogado (si tu estado lo permite) para representarte o si te representarás a ti mismo o a tu hijo como padre *pro se*. Estas son decisiones críticas que pueden afectar cómo el IHO o el ALJ decide tu caso.

Algunos estados permiten que defensores no abogados te representen en una audiencia, pero les prohíben cobrar honorarios. Cobrarte una tarifa en esos estados expone al defensor no abogado a posibles cargos UPL.

☞Los defensores no abogados que intentan representar a padres en un estado donde la ley lo prohíbe o que cobran una tarifa en un estado que no les permite hacerlo, posiblemente se exponen a cargos por "práctica ilegal de la ley" (UPL).

Si tu estado permite a personas que no son abogados representarte en una audiencia y no les prohíbe cobrar una tarifa, es posible que no puedas recuperar lo que pagues por sus servicios. Ten cuidado con un defensor no abogado que te prometa que podrás recuperar lo que le pagues.

Tu elección de representación es una importante decisión comercial. Debes estar preparado para hacer una entrevista en profundidad con un defensor no abogado. No tengas miedo de pedir referencias y números de teléfono de padres por quienes ha abogado.

☞Si un defensor no abogado te hace firmar un acuerdo que establece que no dirás nada malo sobre él o que no le contarás a nadie sobre los términos de tu contrato, recuerda que ¡un abogado nunca te haría firmar algo así!

Muchos defensores que no son abogados son buenas personas que se conducen ética y responsablemente. Genuinamente quieren ayudar a las familias. Muchos son padres que se convirtieron en defensores debido a su éxito en obtener servicios para su propio hijo.

Es importante que sepas que la mayoría de los estados no regulan ni supervisan a los defensores que no son abogados. Los requisitos de aquellos pocos estados que lo hacen son mínimos en el mejor de los casos. Ningún estado o asociación de abogados ha promulgado un código de ética y responsabilidades profesionales obligatorio ni hay forma de sancionar o disciplinar a un defensor no abogado que no actúa de manera ética o responsable.

☞Los defensores no abogados no tienen estándares legales o éticos obligatorios ni ningún nivel requerido de entrenamiento, experiencia o educación.

Debido a la inexistencia de un requisito de capacitación formal, nivel de educación o experiencia requerido, cualquiera puede llamarse a sí mismo defensor de educación especial. Aunque algunos programas ofrecen un "certificado", hasta el momento no existe una auténtica certificación o licencia hasta ahora para los defensores que no son abogados.

La Facultad de Derecho de la Universidad de St. Mary, en San Antonio, Texas, es la única institución de educación superior que ofrece un grado en defensa de educación especial. Ofrece una Maestría en Jurisprudencia en línea con una especialización en defensa de educación especial. ¡La institución de este programa de grado da un gran paso para hacer de la defensa de educación especial una verdadera profesión, en lugar de una industria artesanal de cincuenta años!

Para el momento de la publicación de este libro, solo existe un programa en defensa de educación especial a nivel de maestría que ha recibido la aquiescencia de la Asociación Americana de Abogados de Estados Unidos. Ningún colegio o universidad ofrece un título de pregrado.

Hasta que exista un sistema de estándares, certificación o licenciatura, un código de ética y un consejo de supervisión o disciplinario, es tu responsabilidad como padre elegir cuidadosamente a un defensor que no sea abogado. Debes sopesar cuidadosamente los pros y los contras de utilizar a un defensor no abogado. Sé consciente de los beneficios y riesgos y elige cuidadosamente. Realmente es "a riesgo del comprador" o "que el comprador tenga cuidado".

A pesar de la falta de estándares para los defensores que no son abogados, muchos tienen conocimientos, educación, competencia y logros. Algunos representan con éxito a los padres en audiencias de debido proceso casi tan bien como un abogado.

Un defensor experimentado que no es abogado puede ser más exitoso en mejorar el estado educativo de tu hijo que un abogado de práctica general sin experiencia en educación especial.

Puedes encontrar más información sobre este tema en tus NOPS o llamando a tu DOE estatal. La información también está disponible en el *Comentario*, FR, vol. 71, nro. 156, 46699, (2006).

Consulta con al menos un abogado experimentado en derecho de padres antes de elegir quién representará a tu hijo.

Nunca asumas que no puedes pagar un abogado sin hablar con al menos dos. Muchos abogados de padres ofrecen consultas iniciales gratuitas. Algunos tienen planes de pago, una escala móvil de tarifas, o te remitirán a servicios legales gratuitos o de bajo costo.

Incluso si tienes que pagar por una consulta con un abogado, lo que recibas en asesoramiento puede ahorrarte mucho dinero y dolor de cabeza a largo plazo.

Puedes representar a tu propio hijo en una audiencia. Sin embargo, los padres que representan por sí mismos están en clara desventaja. Deben enfrentar sus propias emociones, a menudo, sin tener el conocimiento legal y la habilidad para representar exitosamente a su hijo.

Los padres que son abogados con licencia aprenden muy rápido lo difícil que es representar a sus propios hijos.

Una investigación muestra que los resultados de las audiencias son desalentadores para los padres que representan a su propio hijo. Puedes ver: *¿Son diferentes los resultados de las decisiones del oficial de audiencia (y revisión) para padres pro se y padres representados?* (Zirkel, P., *Revista de la Asociación Nacional de Jueces de Derecho Administrativo*, 34, 265-282).

Antes de decidir representar a tu hijo como un padre *pro se*, recuerda que la escuela casi siempre tendrá uno o más abogados representándola. Los IHO y ALJ también son abogados.

En un caso en el que representes a tu hijo, ¡casi siempre estarás superado en número, personal y en armas!

Recuperación de honorarios de abogados

Si tienes éxito en un tema significativo en tu audiencia, es posible que puedas recuperar los honorarios que has pagado a tu abogado. Ten en cuenta, sin embargo, que es posible que tengas que acudir a los tribunales para hacerlo.

Si presentas una queja de debido proceso frívola o irrazonable, tu escuela puede intentar recuperar los honorarios de sus abogados, de tu defensor que no es abogado o de su abogado.

Tu escuela también puede pedir a un tribunal que te ordene pagar los honorarios de sus abogados si solicitas una audiencia únicamente para acosar o avergonzar a tu escuela, o si retrasas o incrementas innecesariamente el costo del litigio.

No debes tener miedo de tener que pagar los costos legales de tu escuela cuando tengas un desacuerdo válido con ella. En las raras ocasiones en las que las escuelas han tenido éxito, y con razón —y merecidamente— recuperaron sus honorarios, las acciones de los padres, el defensor o el abogado fueron particularmente atroces. Puedes obtener más información sobre este tema en 34 C.F.R. §§300.504(c)(13), 300.517 y en el *Comentario*, FR, vol. 71, nro. 156, 46708 - 46709, 46748 (2006).

Audiencias de debido proceso acelerado

En la Lección diez, aprendiste que tu escuela puede no estar obligada a cumplir con el requisito de suspensión de la IDEA si la remoción se debe al comportamiento de tu hijo.

Tu escuela puede solicitar una audiencia acelerada si el comportamiento de tu hijo representa un peligro para sí mismo o para otros.

En una audiencia "acelerada", los plazos para la audiencia y la decisión son considerablemente más cortos que en una audiencia regular de debido proceso. A menos que tu estado tenga un plazo diferente, una audiencia acelerada debe ocurrir dentro de 20 días escolares posteriores a la presentación de la queja.

El IHO o ALJ debe darte una decisión dentro de diez días escolares a partir del día en que finaliza la audiencia. Tu derecho a apelar esto es el mismo que en una audiencia no acelerada.

Puedes obtener más información sobre este tema en tu NOPS, en el 34 C.F.R. §300.532 y en el *Comentario* en FR, vol. 71, nro. 156, 46715, 46719 - 46720, 46724 - 46726, (2006).

Audiencias de la *Sección 504* y procedimientos locales de queja

También tienes derecho a una audiencia de debido proceso y una apelación bajo la *Sección 504*. Tienes derecho a representación legal. No está claro si la *Sección 504* te permite tener un defensor que no sea abogado. Esto puede depender de la ley específica de tu estado.

A diferencia de la IDEA, la *Sección 504* proporciona poca orientación sobre los procedimientos para llevar a cabo una audiencia de debido proceso. Tu escuela establece todos los procedimientos, contrata al oficial de audiencia, y hace todos los arreglos. En resumen, las audiencias de la *Sección 504* pueden parecer bastante diferentes de las audiencias bajo la IDEA.

La *Sección 504* también te otorga el derecho de presentar una queja bajo el procedimiento local de queja de tu escuela. Nuevamente, hay poca orientación sobre el procedimiento local de queja bajo la *Sección 504*. Solo establece que las escuelas deben adoptar un procedimiento local de queja con "estándares adecuados de debido proceso" para la "resolución pronta y equitativa de quejas".

Puedes apelar los resultados de una decisión de queja local

presentando una queja ante la OCR dentro de 50 días calendario a partir de la fecha de la decisión.

Puedes obtener más información sobre este tema en 34 C.F.R. §§104.7, 104.8 y 104.36.

Audiencias FERPA

Si los registros educativos de tu hijo son inexactos o engañosos o tu escuela viola los derechos de privacidad tuyos o de tu hijo, puedes solicitar una corrección de estos errores.

Si tu escuela se niega a hacerlo, puedes solicitar una audiencia de debido proceso de FERPA. La FERPA proporciona poca orientación sobre cómo las escuelas deben llevar a cabo estas audiencias.

Si recibes una decisión desfavorable en una audiencia FERPA, tienes derecho a colocar una declaración por escrito en los registros educativos de tu hijo diciendo que no estás de acuerdo con la decisión de la audiencia.

Tu escuela debe conservar esta declaración en los registros de tu hijo mientras mantenga esos registros. También debe divulgar tu declaración escrita a cualquier persona a la que le divulgue los registros de tu hijo.

Puedes obtener más información sobre este tema en 34 C.F.R. §99.20 - 99.22.

Si recuerdas una sola cosa de esta lección, por favor, recuerda esto: **nada en una reunión de resolución es confidencial.** Cualquier cosa puede ser usada más tarde como evidencia en una audiencia o procedimiento judicial.

Conclusión

El mejor final para este libro es recordarte lo que el Congreso dijo cuando promulgó la Ley de Educación para Personas con Discapacidades:

¡Salid y haced un buen trabajo para los niños!

La discapacidad es una parte natural de la experiencia humana y de ninguna manera disminuye el derecho de las personas a participar o contribuir a la sociedad. Mejorar los resultados educativos de los niños con discapacidad es un elemento esencial de nuestra política nacional para garantizar la igualdad de oportunidades, la plena participación, la vida independiente y la autosuficiencia económica para las personas con discapacidad (20 U.S.C. §1400[c]).

Definiciones

Las siguientes definiciones están en las Regulaciones de la IDEA. Consulta la Ley de Educación y Educación Especial de tu estado para ver si incluyen definiciones adicionales.

Ayudas y servicios complementarios: ayudas, servicios y otros apoyos que se proporcionan en clases de educación regular, en otros entornos relacionados con la educación y en entornos extracurriculares y no académicos para permitir que los niños con discapacidades sean educados con niños no discapacitados en la mayor medida apropiada. 34 C.F.R. §300.42.

Consentimiento: el padre ha sido informado completamente de toda la información relevante para la actividad para la cual se solicita el consentimiento, en su propio idioma nativo u otro modo de comunicación, el padre comprende y acepta por escrito la actividad para la cual se solicita su consentimiento, y el padre sabe que puede revocar su consentimiento en cualquier momento. 34 C.F.R. §300.9.

Día escolar: cualquier día, incluido un día parcial en el cual los niños asisten a la escuela con fines instructivos. El día escolar tiene el mismo significado para todos los niños en la escuela, incluidos los niños con y sin discapacidades. 34 C.F.R §300.11 (c)(1) and (2).

Día hábil: de lunes a viernes, excepto feriados federales y estatales (a menos que los feriados estén expresamente incluidos en la designación de día hábil). 34 C.F.R. §300.11 (b).

Día: día de calendario, a menos que se indique lo contrario como día hábil o día escolar. 34 C.F.R. §300.11 (a). (Ver las definiciones para "día escolar" y "día hábil").

Educación especial: instrucción especialmente diseñada, sin costo para los padres, para satisfacer las necesidades únicas de un niño con discapacidad. Incluye instrucción en el aula, en el hogar, en hospitales e instituciones, y en otros entornos, educación física, servicios de patología del habla, u cualquier otro servicio relacionado si el servicio se considera educación especial según los estándares estatales, entrenamiento en viajes y educación vocacional. 34 C.F.R. §300.39.

Educación física: el desarrollo de la aptitud física y motora, habilidades motoras y patrones fundamentales, y habilidades en deportes acuáticos, danza, juegos y en deportes individuales y grupales, incluidos deportes intramuros y de por vida, e incluye educación física especial, educación física adaptada, educación en movimiento y desarrollo motor. 34 C.F.R. §300.39(b)(2), 34 C.F.R. §300.108.

Educación pública gratuita y adecuada: educación especial y servicios relacionados, proporcionados a expensas públicas, bajo supervisión y dirección pública, y sin cargo, que cumple con los estándares de la Agencia Educativa Estatal y los requisitos de IDEA, incluyendo la educación preescolar, primaria o secundaria en el estado involucrado, y que se proporcionan de conformidad con un IEP que cumple con los requisitos de la IDEA. 34 C.F.R. §300.17.

Educación vocacional: programas educativos organizados que preparan a individuos para empleo remunerado o no remunerado, o para una preparación adicional para una carrera que no requiere un título universitario o avanzado. 34 C.F.R. §300.39(b)(5).

Entrenamiento en viajes/orientación y servicios de movilidad: proporcionar instrucción a niños con discapacidades cognitivas significativas y otros niños que lo requieran, para permitirles desarrollar una conciencia del entorno en el que viven, y aprender las habilidades necesarias para moverse de manera efectiva y segura de un lugar a otro dentro de la escuela, en el hogar, en el trabajo y en la comunidad. 34 C.F.R. §300.34(c)(7) y 34 C.F.R. §300.39(b)(4).

Equipo IEP: un grupo de individuos responsables de desarrollar, revisar o modificar el IEP de un niño. Como mínimo, el equipo IEP incluye (a) a los padres; (b) un maestro de educación regular, si el niño está, o puede estar, participando en el entorno de educación regular; (c) un maestro de educación especial; (d) un representante de la agencia pública que esté calificado para proporcionar o supervisar la provisión de instrucción específicamente diseñada para satisfacer las necesidades únicas de los niños con discapacidades y que conozca bien el currículum de educación general y la disponibilidad de recursos; (e) si el niño ha sido evaluado, alguien que pueda interpretar las implicaciones instructivas de los resultados de la evaluación; (f) otras personas, a discreción de los padres o la escuela, que tengan conocimientos o experiencia especializada sobre el niño, incluido personal de servicios relacionados según corresponda; (g) cuando sea apropiado, el niño. 34 C.F.R. §300.23, 34 C.F.R. §300.321.

Evaluación: procedimientos utilizados para determinar si un niño tiene una discapacidad y la naturaleza y extensión de la educación especial y los servicios relacionados que el niño necesita. 34 C.F.R. §300.15.

Información personalmente identificable: el nombre del niño, el nombre de los padres o de otros miembros de la familia, la dirección del niño, identificadores personales, como números de seguro social o números de estudiante, o una lista de características personales u otra información que permita identificar al niño con una certeza razonable. 34 C.F.R. §300.32.

Instrucción especialmente diseñada: adaptar, según corresponda a las necesidades del niño, el contenido, la metodología o la entrega de la instrucción para abordar las necesidades únicas del niño resultante de la discapacidad, y asegurar el acceso al currículo general, para que el niño pueda cumplir con los estándares educativos que se aplican a todos los niños. 34 C.F.R. §300.39 (3).

Niño con discapacidad: un niño que ha sido evaluado (de acuerdo con la IDEA) como alguien que tiene una de las discapacidades enumeradas y que necesita educación especial y servicios relacionados. 34 C.F.R. §300.8 (Esta sección también define las características de cada trastorno enumerado).

Padre: un padre biológico o adoptivo, un padre de crianza (a menos que el estado prohíba que un padre de crianza actúe como padre), un tutor autorizado para actuar como padre, o autorizado para tomar decisiones educativas para el niño. 34 C.F.R. §300.30.

Programa de Educación Individualizada: una declaración escrita para un niño con discapacidad, esta se desarrolla, revisa y modifica de acuerdo con la IDEA. 34 C.F.R. §300.22.

Servicio de tecnología de asistencia: cualquier servicio que ayude directamente a un niño con discapacidad en la búsqueda, adquisición o uso de un dispositivo de tecnología de asistencia. El término incluye evaluaciones, compra, préstamo o provisión de dispositivos, selección, diseño, ajuste, personalización, adaptación, aplicación, mantenimiento, reparación o reemplazo de dispositivos. 34 C.F.R. §300.5.

Servicios de transición: un conjunto coordinado de actividades orientadas a resultados, enfocadas a mejorar el logro académico y funcional del niño para facilitar la transición de la escuela a actividades posteriores, incluida la educación postsecundaria, la educación vocacional, el empleo integrado, la educación continua y para adultos, los servicios para adultos, la vida independiente o la participación comunitaria. Los servicios de transición se basan en las necesidades del niño, considerando sus fortalezas, preferencias e intereses, e incluyen instrucción, servicios relacionados, experiencias comunitarias, el desarrollo de empleo y otros objetivos de vida adulta posteriores a la escuela, y si corresponde, la adquisición de habilidades de la vida diaria y una evaluación vocacional funcional. 34 C.F.R. §300.43.

Servicios relacionados: transporte y servicios de desarrollo, corrección y otros servicios de apoyo necesarios para ayudar a un niño con discapacidad a beneficiarse de la educación especial. Estos incluyen servicios de patología del habla y audiología; servicios de interpretación; servicios psicológicos; terapia física y ocupacional; recreación, incluida la recreación terapéutica; identificación temprana y evaluación de discapacidades en niños; servicios de asesoramiento, incluido el asesoramiento en rehabilitación; servicios de orientación; y movilidad; y servicios médicos para fines de diagnóstico o evaluación, servicios de salud escolar, servicios de enfermería escolar, servicios sociales en las escuelas y asesoramiento y formación para padres. Esta sección también incluye definiciones de los servicios relacionados enumerados. 34 C.F.R. §300.34.

Sin costo: toda instrucción especialmente diseñada que se proporciona de forma gratuita. Esto no incluye tarifas incidentales que las escuelas suelen cobrar a todos los estudiantes o sus padres como parte del programa de educación regular. 34 C.F.R. §300.39 (b)(1).

Apéndice

Publicaciones

Wrightslaw: *Special Education Law [Ley de Educación Especial]*, Peter W.D. Wright y Pamela Darr Wright.

Wrightslaw: *From Emotions to Advocacy* [*De las emociones a la defensa*], Peter W.D. Wright y Pamela Darr Wright.

Wrightslaw: *All About IEPs [Todo sobre los IEP]*, Peter W.D. Wright y Pamela Darr Wright.

Wrightslaw: *All About Tests and Assessments [Todo sobre pruebas y evaluaciones]*, Melissa Lee Farrall, Ph.D., Peter W.D. Wright, Esq. y Pamela Darr Wright, MA, MSW.

A Guide to Special Education Advocacy [Una guía para la defensa de la educación especial], Matthew Cohen, Esq.

The Special Education Battlefield [El campo de batalla de la educación especial], Andrew Cuddy, Esq.

Your Special Education Rights [Tus derechos de educación especial], Jennifer Laviano y Julie Swanson.

Secrets of a Special Education Advocate [Secretos de un defensor de la educación especial], Yael Cohen.

Do-It-Yourself Special Education Due Process: An Educational Guide [Hago usted mismo el debido proceso de educación especial: una guía educativa], Dorene Philpot, Esq.

I Can't Make This Stuff Up – Special Education Funnies, Foibles & Embarrassments [*No puedo inventar estas cosas. Chistes, debilidades y vergüenzas de la educación especial*], Dorene Philpot, Esq.

Better IEPs [Mejores IEP], Barbara Bateman, Esq y Mary Anne Linden.

Writing Measurable Goals and Objectives [Escribir objetivos y metas medibles], Barbara Bateman, Esq y Cynthia Herr.

Student Discipline Rights and Procedures: A Guide for Advocates [Derechos y procedimientos de disciplina estudiantil: una guía para defensores], el Centro de Derecho de la Educación.

Do Not Tweet at an IEP Meeting: and other tips and strategies to negotiate special education services [No tuitees en una reunión de IEP: y otros consejos y estrategias para negociar servicios de educación especial], Anne Tremainis, Esq.

Autism & Education: The Way I See It [Autismo y educación: La Forma en que lo veo], Dra. Temple Grandin.

DVDs

Wrightslaw: *Sobreviviendo el proceso legal.*

Sitios web

Páginas amarillas para niños: https://www.yellowpagesforkids.com

Wrightslaw: https://www.wrightslaw.com

El Consejo de Abogados y Defensores de Padres:
https://www.copaa.org

Departamento de Educación EE. UU., Oficina de Programas de Educación Especial:
https://www2.ed.gov/about/offices/list/osers/osep/index.html

Oficina de Educación Especial y Servicios de Rehabilitación:
https://www2.ed.gov/about/offices/list/osers/index.html

Oficina de Derechos Civiles del Departamento de Educación de EE. UU.: https://www2.ed.gov/about/offices/list/ocr/index.html

Cartas y aclaraciones de política de la OCR:
https://www2.ed.gov/about/offices/list/ocr/publications.html

Cartas y aclaraciones de política de IDEA:
https://www2.ed.gov/policy/speced/guid/idea/memosdcltrs/index.html

Centros de información y recursos para padres (Centros de información y formación para padres):
https://www.parentcenterhub.org/

Herramientas gratuitas de investigación jurídica

Muchos recursos legales están disponibles en Wrightslaw:
https://www.wrightslaw.com/

Herramienta de búsqueda de leyes, proyectos de ley, códigos, regulaciones, reuniones e informes de comités, el Registro del Congreso y mucho más: https://www.congress.gov/congressional-record/2021/04/30

Regulaciones federales codificadas oficiales digitalizadas y el Registro Federal desde 1936: https://www.govinfo.gov/

Herramienta de búsqueda para el Registro Federal desde 1994:
https://www.federalregister.gov/

Código electrónico de regulaciones federales - actualizado en línea;
https://www.ecfr.gov

Leyes y reglamentos estatales: Sociedad de Bibliotecarios Jurídicos de Washington, D. C,: https://www.llsdc.org/

PACER, Acceso público a los registros electrónicos del tribunal:
https://pacer.login.uscourts.gov/csologin/login.jsf

Búsqueda de jurisprudencia en Google Scholar:
https://scholar.google.com

Documentos útiles sobre Wrightslaw

Quejas: https://www.wrightslaw.com/howey/complaints.tips.pdf

Niveles actuales de rendimiento académico y desempeño funcional:

https://www.wrightslaw.com/howey/iep.function.perf.htm

https://www.wrightslaw.com/howey/iep.present.levels.htm

Colocación: https://www.wrightslaw.com/howey/10tips.placement.htm

Preparación para las reuniones del IEP:

https://www.wrightslaw.com/howey/iep.plan.produce.provide.htm,
https://www.wrightslaw.com/howey/iep.mtgs.info.concern.htm

Opiniones escritas:
https://www.wrightslaw.com/howey/writing.opinions.htm

Departamento de Educación de EE. UU.:

Preguntas y respuestas sobre procedimientos disciplinarios:

https://www2.ed.gov/policy/speced/guid/idea/discipline-q-a.pdf

Preguntas y respuestas para padres que colocan a sus hijos en escuelas privadas:
https://sites.ed.gov/idea/files/Prvate_School_QA_April_2011.pdf

Preguntas frecuentes sobre las escuelas autónomas:

https://www2.ed.gov/policy/speced/guid/idea/memosdcltrs/faq-idea-charter-school.pdf

Preguntas frecuentes sobre dificultades auditivas, visuales o del habla:

https://www2.ed.gov/about/offices/list/ocr/docs/dcl-faqs-Effective-communication-201411.pdf

https://www2.ed.gov/about/offices/list/ocr/docs/dcl-factsheet-parent-201411.pdf

Datos breves sobre actividades extracurriculares:

https://www2.ed.gov/about/offices/list/ocr/letters/colleague-201301-504.pdf

https://www2.ed.gov/about/offices/list/ ocr/docs/dcl-factsheet-201301-504.pdf

Guía de recursos para la *Sección 504* en escuelas primarias y secundarias: https://www2.ed.gov/about/offices/list/ocr/docs/504-resource-guide-201612.pdf

Hoja informativa sobre restricción y aislamiento:

https://www2.ed.gov/about/offices/list/ocr/docs/dcl-factsheet-201612-504-restraint-seclusion-ps.pdf

Prevención de la discriminación racial en la educación especial:

https://www2.ed.gov/about/offices/list/ocr/letters/colleague-201612-racedisc-special-education.pdf

Guía de recursos para padres y educadores sobre la *Sección 504* en escuelas públicas primarias y secundarias:

https://www.wrightslaw.com/law/ocr/sec504.guide.ocr.2016.pdf

Protección de estudiantes con discapacidades:

https://www2.ed.gov/about/offices/list/ocr/504faq.html

Podcasts

Café con Catherine Michael, JD:

https://www.coffeewithcatherine.com

Hablemos sobre la Ley de Educación Especial, abogado para padres, Jeffrey L. Forte (abogado): https://www.letstalkspedlaw.com

Los Archivos de Educación Especial, Jennifer Laviano, Esq y Julie Swanson: https://podcasts.apple.com/us/podcast/the-special-ed-files/id1524523875

Podcast de orientación para padres con abogados de padres, Catherine M. Michael (abogada). y Carla Loon Leader (abogada):

https://www.listennotes.com/podcasts/parental-guidance-carla-leader-catherine-9t1UZxj-0gl/

Canales de Youtube

Wrightslaw: https://www.youtube.com/user/wrightslaw

Índice

Listas. Casos, tablas y figuras

Lista de casos

Lista de tabla

Listas de Figuras

Oficina de Derechos Civiles. Departamento de Educación de EE. UU. (Información de contacto)

<table>
<tr><th colspan="2">OFICINA DE DERECHOS CIVILES
DEPARTAMENTO DE EDUCACIÓN DE EE. UU.</th></tr>
<tr><td colspan="2">Sede
400 Maryland Avenue, SW, Washington, D. C. 20202-1100
Línea directa de servicio al cliente #: (800) 421-3481 I facsímil: (202) 453-6012
TTY#: (800) 877-8339 I Correo electrónico: OCR@ed.gov I Web: http://www.ed.gov/ocr</td></tr>
<tr><td>Connecticut, Maine, Massachusetts, New Hampshire, Rhode Island, Vermont
Oficina de Derechos Civiles, Boston Office
Departamento de Educación de los Estados Unidos
Piso 8
5 Plaza de Correos
Boston, MA 02109-3921
Teléfono: (617) 289-0111
Facsímil: (617) 289-0150
Correo electrónico: OCR.Boston@ed.gov</td><td>Illinois, Indiana, Iowa, Minnesota, Dakota del Norte, Wisconsin
Oficina de Derechos Civiles,
Oficina de Chicago
Departamento de Educación de los Estados Unidos
Edificio Federal John C. Kluczynski
230 S. Calle Dearborn, Piso 37
Chicago, IL 60604
Teléfono: (312) 730-1560
Facsímil: (312) 730-1576
Correo electrónico: OCR.Chicago@ed.gov</td></tr>
<tr><td>Nueva Jersey, Nueva York, Puerto Rico, Islas Vírgenes
Oficina de Derechos Civiles,</td><td>Michigan, Ohio
Oficina de Derechos Civiles,</td></tr>
</table>

Oficina de Nueva York Departamento de Educación de los Estados Unidos 32 Antiguo Deslizamiento, Piso 26 Nueva York, Nueva York 10005-2500 Teléfono: (646) 428-3800 Facsímil: (646) 428-3843 Correo electrónico: OCR.NewYork@ed.gov	*Oficina de Cleveland* Departamento de Educación de los Estados Unidos 1350 Avenida Euclid Suite 325 Cleveland, OH 44115 Teléfono: (216) 522-4970 Facsímil: (216) 522-2573 Correo electrónico: OCR.Cleveland@ed.gov
Delaware, Maryland, Kentucky, Pennsylvania, Virginia Occidental Oficina de Derechos Civiles, *Oficina de Filadelfia* Departamento de Educación de los Estados Unidos Edificio Wanamaker 100 Penn Square East, Suite 515 Filadelfia, PA 19107-3323 Teléfono: (215) 656-8541 Facsímil: (215) 656-8605 Correo electrónico: OCR.Philadelphia@ed.gov	Arkansas, Kansas, Misuri, Nebraska, Oklahoma, Dakota del Sur Oficina de Derechos Civiles, *Oficina de la ciudad de Kansas* Departamento de Educación de EE. UU. One Petticoat Lane 1010 Calle Walnut, Suite 320 Kansas City, MO 64106 Teléfono: (816) 268-0550 Fax: (816) 268-0559 Correo electrónico: OCR.KansasCity@ed.gov
Alabama, Florida, Georgia, Tennessee	Arizona, Colorado, Nuevo México, Utah, Wyoming

Oficina de Derechos Civiles, *Oficina de Atlanta* Departamento de Educación de los Estados Unidos 61 Calle Forsyth SW, Suite 1910 Atlanta, Georgia 30303-8927 Teléfono: (404) 974-9406 Facsímil: (404) 974-9471 Correo electrónico: OCR.Atlanta@ed.gov	Oficina de Derechos Civiles, *Oficina de Denver* Departamento de Educación de los Estados Unidos Edificio Conmemorativo César E. Chávez 1244 Speer Boulevard, Suite 310 Denver, CO 80204-3582 Teléfono: (303) 844-5695 Facsímil: (303) 844-4303 Correo electrónico: OCR.Denver@ed.gov
Luisiana, Misisipi, Texas Oficina de Derechos Civiles, *Oficina de Dallas* Departamento de Educación de los Estados Unidos 1999 Calle Bryan, Suite 1620 Dallas, Texas 75201-6810 Teléfono: (214) 661-9600 Fax: (214) 661-9587 Correo electrónico: OCR.Dallas@ed.gov	California Oficina de Derechos Civiles, *Oficina de San Francisco* Departamento de Educación de los Estados Unidos 50 Plaza de las Naciones Unidas San Francisco, CA 94102 Teléfono: (415) 486-5555 Facsímil: (415) 486-5570 Correo electrónico: OCR.SanFrancisco@ed.gov
Carolina del Norte, Carolina del Sur, Virginia, Washington, D.C.	Alaska, Samoa Americana, Guam, Hawái, Idaho, Montana, Nevada, Oregón, Washington y las Islas Marianas del Norte

Oficina de Derechos Civiles, *Oficina del Distrito de Columbia* Departamento de Educación de los Estados Unidos 400 Maryland Avenue, S.W. Washington, DC 20202-1475 Teléfono: (202) 453-6020 Facsímil: (202) 453-6021 Correo electrónico: OCR.DC@ed.gov	Oficina de Derechos Civiles, *Oficina de Seattle* Departamento de Educación de los Estados Unidos 915 Segunda Avenida, Sala 3310 Seattle, Washington 98174-1099 Teléfono: (206) 607-1600 Facsímil: (206) 607-1601 Correo electrónico: OCR.Seattle@ed.gov

Sobre la autora

Una lectora autodidacta desde los cuatro años, los padres de Pat la inscribieron en el jardín de infantes dos semanas después de cumplir cinco años.

Pat siempre se preguntó por qué podía leer mejor que los niños que cursaban varios grados por encima de ella, pero no podía dominar los conceptos matemáticos más básicos. Un día "lo entendía"; al día siguiente se le iba. Seis años de tutoría por parte de un profesor con licencia no ayudaron.

Llamada perezosa, desmotivada y que no trabajaba a la altura de su capacidad, Pat finalmente se rindió. Se especializó en arte y negocios en la escuela secundaria. Ir a la universidad no estaba en su radar.

Pat renunció a varios trabajos como adulta porque no podía hacer los cálculos requeridos. Abandonó tres universidades cuando se enteró de que tenía que tomar una clase de matemáticas. A mediados de sus cuarenta años, se inscribió en su cuarta universidad e inmediatamente pidió a los servicios estudiantiles de la universidad que la evaluaran. Lo que sospechaba, encontró que era verdad. No era perezosa; tenía discalculia, una forma de dislexia.

Con el uso de una calculadora, Pat aprobó todas las clases universitarias de matemáticas y estadística con A y B. Su problema nunca fue saber cómo hacer las matemáticas. Era su incapacidad para hacer los cálculos. Se graduó magna cum laude, obteniendo una Licenciatura en Estudios Paralegales con un promedio de calificaciones de 3.775.

Hasta el día de hoy, sin una calculadora, Pat todavía no puede sumar, restar, multiplicar o dividir.

Defensora nacionalmente conocida de la educación especial durante casi cuarenta años, Pat tiene una licenciatura en Estudios Paralegales de la Universidad Saint Mary-of-the-Woods, es miembro de Lambda Epsilon Chi, paralegal registrada en Indiana y miembro afiliado de las Asociaciones de Abogados de Indiana y Estados Unidos. Actualmente es candidata a la maestría en Jurisprudencia en Defensa de la Educación Especial en la Facultad de Derecho de la Universidad St. Mary's con fecha de matriculación en diciembre de 2024.

Pat fue miembro fundador de la Junta Directiva del Consejo de Abogados y Defensores de Padres, comisionada en la primera Comisión de Derechos Humanos del Condado de Tippecanoe y expresidenta de Padres y Profesionales de Tippecanoe por la Educación Especial. La Asociación de Discapacidades de Aprendizaje de Indiana (LDA-IN) la honró con su Premio al Servicio Sobresaliente por su compromiso y compasión hacia los estudiantes con discapacidades.

Pat ha publicado numerosos artículos en el sitio web de Wrightslaw y ha sido miembro de su Oficina de Oradores desde 2005. De 2010 a 2021, fue miembro del cuerpo del Instituto Anual de Defensa de Educación Especial de la Facultad de Derecho de la Universidad de William and Mary en Williamsburg, Virginia. Actualmente es miembro del cuerpo docente de la Cumbre Anual de Defensa de la Educación Especial de la Universidad St. Mary's (SEAS).

Pat es una asistente legal en la División de Derecho de la Educación de Connell Michael Law, LLP, ubicada en Carmel, Indiana, donde realiza investigaciones legales para los abogados, revisa registros educativos y médicos, identifica problemas legales, redacta quejas de proceso, mociones, documentos de descubrimiento y otros documentos legales, y ayuda a preparar casos para audiencias.

Pat vive en medio de un campo de maíz (o frijoles) cerca de Odell, Indiana, con su esposo, Clark, un agricultor retirado. Disfruta viajar y jugar con sus nietos y bisnietos.

Made in the USA
Monee, IL
03 November 2026

67385882R00098